한국 현대사와 사회경제

서울대 민교협 교양강좌 2

한국 현대사와 사회경제

조흥식·유종일·이철수·김수행·김용창 지음

경인문화사

차례

머리말 _조흥식 · 6

한국 빈곤과 복지정책에 대한 사회사 _조흥식

» need(욕구)와 want(결핍) · 11
» 빈곤과 복지의 관계 · 20
» 빈민정책의 역사 · 27
» 빈곤의 이해 · 30
» 한국 빈곤지역개발정책과 국민기초생활보장제도의 변천사 · 38
» 맺음말 · 52

한국의 경제발전과 경제민주화 _유종일

» 한국은 '잘 사는' 나라인가? · 67
» 우리가 '못 사는' 이유에 대해 – 잘못된 경쟁과 시장 · 71
» 어떻게 잘못되었는가? – 한국 경제발전의 역사 · 72
» 앞으로 어디로 나아갈 것인가? – 경제민주화가 가능한 시스템 필요 · 85

한국현대사 : 노동운동과 노동법 _이철수

» 우리 삶의 역사적 의미를 되새겨주는 노동법 · 97
» 한국 현대사와 노동법제의 발전 · 101
» IMF 구제금융 이후 노동법제의 제 · 개정 · 106
» 최근의 해석론상 · 입법론상의 쟁점 · 112
» 마치며 · 121

한국자본주의 발달사 _ 김수행 ·123

삶과 재산으로서의 주택 그리고 인권 _ 김용창

» 자본주의와 주택 문제 ·145
» 빈민촌과 무허가정착지(Squatter Settlement),
  서브 프라임 모기지 사태 – 대도시 주택 문제 ·147
» 인간 삶의 터전으로서의 주택 ·152
» 한국 사회에서 주택의 의미 ·155
» 부동산 가격 급등과 불로소득 ·160
» 참여정부 시기의 부동산 가격 변화 ·164
» 한국 사회 전반에 영향을 미치는 부동산 문제 ·167
» 하우스 푸어의 시대로 상황 전환 ·169
» 공간 개발과 이익의 귀속 ·171
» 공용수용과 공익, 불로소득의 문제 ·179
» 인권과 주거권 ·186

한국 현대사와 사회경제

조흥식 · 서울대학교 사회복지학과 교수

이 책은 서울대 민주화교수협의회(서울대 민교협)가 기획한 〈한국 현대사〉 시리즈 제2권으로 나온 것입니다. 제1권이 2015년에 출간되었으니 3년 만에 제2권이 출간되는 셈입니다. 본래 〈한국 현대사〉 시리즈의 발간은 서울대 민교협 교수들이 서울대 학생들뿐만 아니라 외부 청중들까지 대상으로 하여 개최하는 공개강좌의 강의 내용과 질의응답 내용을 여과 없이 책으로 묶어보자는 데서 출발하였습니다. 그러나 강의를 맡는 분은 서울대 민교협 교수가 아닌 분들도 기꺼이 동참하도록 하였으며, 특별한 주제의 경우 외부 강사들도 초청하여 말 그대로 지성의 가치를 구현하는 열린 교양강좌가 되도록 노력하였습니다.

2013년 시작된 첫 학기 공개강좌는 '민주주의'를 주제로 하였고, 2015년부터 2016년까지 2년 가까이 진행된 공개강좌는 '사회경제'를 주제로 하였습니다. 이 책이 그 결과물인 셈입니다.

이어 '문화·과학' 등을 주제로 한 공개강좌가 계속 진행되고 있으며, 이 강좌들의 결과물 또한 〈한국 현대사〉 시리즈의 3권 등으로 연이어 출간될 예정입니다.

〈한국 현대사〉 시리즈 제1권은 〈한국 현대사와 민주주의〉라는 제목으로 출간되었는데, 여기에는 〈냉전의 관점에서 보는 한국의 경제성장〉(박태균), 〈유신체제와 민주화운동 : 억압과 저항의 드라마〉(한인섭), 〈지역개발과 토건국가〉(박배균), 〈5·18민주화운동과 '임을 위한 행진곡'〉(정근식·김종률), 〈1987년 6월항쟁 : 그 때와 오늘〉(김명환) 등 5회에 걸쳐 진행된 공개강좌의 내용과, 〈서울대 민주화의 길 탐방〉(김명환·한인섭) 등 1편의 좌담 형식으로 이루어진 글이 실려 있습니다. 이 1권을 읽다보면 한국 현대사 속에서 진행된 민주주의의 질곡과 어설픈 해방, 그리고 또 다른 무너짐을 목도하게 됩니다.

이번 제2권은 〈한국 현대사와 사회경제〉라는 제목으로, 5편의 강의 내용과 질의응답 내용을 정리하여 실었습니다. 〈한국 빈곤과 복지정책에 대한 사회사〉(조흥식), 〈한국의 경제발전과 경제민주화〉(유종일), 〈한국 현

대사 : 노동운동과 노동법〉(이철수), 〈한국자본주의 발달사〉(김수행), 〈삶과 재산으로서의 주택 그리고 인권〉(김용창) 등의 내용이 담겨 있습니다. 개괄적으로 보면, 한국 사회복지정책의 역사, 경제민주화의 역사, 노동정책의 역사, 자본주의 발달사, 주거문제와 주거정책의 변천사 등을 다루고 있다고 하겠습니다. 모두가 우리의 일상적인 삶과 직결된 내용이기 때문에 곱씹어 읽다보면 삶의 기반이 되는 사회경제적 요소들과 허술한 정부 대책, 그리고 물신주의에 빠져 있는 한국 사회를 어느 정도 실감하게 될 것입니다. 정치적 민주주의만으로는 부족하다는 인식을 바탕으로, 사회경제 민주화에 대한 소중한 가치를 조금씩 더 깨닫게 되는 계기가 될 것입니다. 이를 통해 필연적인 사회공동체 정신의 회복과 갱신에 대한 열의가 다져지고, 지역 단위에서, 나라 단위에서, 나아가 전 세계적으로 실천과 행동이 나타날 수 있게 된다면, 필자들은 더할 나위 없이 강의를 맡은 보람을 크게 느낄 수 있을 것입니다.

사람은 빵만으로는 살 수 없지만, 빵을 먹지 않고서는 생존하지 못하는 것도 엄연한 사실입니다. 그렇기에 더불어 함께 생존해 나가기 위한 빵의 나눔을 자발적인 의무와 책임으로 하는 사회를 만들어 가는 데 우선 힘을 모아가면 좋겠습니다. 그러나 이것만으로는 너무 미흡합니다.

보잘것없는 식물이나 하등동물조차도 나름대로의 생존전략은 다 가지고 있습니다. 세계보건기구(WHO)에서도 일찍이 건강한 삶이란 신체적, 사회적, 심리적, 환경적인 건강뿐만 아니라 영적 건강도 함께 가져야 함을 강조한 것처럼, 사람은 타인과의, 자연과의, 동물과의, 때로는 보이지 않지만 존재하는 미지의 존재와의 '관계'를 소중히 여기면서 살아가야만 행복한 존재가 된다는 엄연한 진리를 잊어서는 안 될 것입니다. 생존 요소와 관계성에 대한 보장이야말로 유한한 존재인 인간이 갖는 행복한 삶의 조건일 것입니다. 아무쪼록 이 책이 독자들의 행복한 삶에 조그마한 기여가 되기를 바라마지 않습니다.

이 자리를 빌려, 이제 저희들과 유명을 달리 하신 고(故) 김수행 선생님을 기리고자 합니다. 〈한국자본주의 발달사〉를 강의하실 때 그렇게 열강하신 김 선생님은 대한민국을 대표하는 마르크스주의 경제학자로서, 그리고 민교협의 지주로서 저희 후학들의 큰 등불이신 분입니다. 그리고 끝으로 이 책의 출판을 기꺼이 허락해 주신 경인문화사 관계자 분들께 깊은 감사의 말씀을 드리며, 아울러 원고를 꼼꼼하게 챙기면서 수고해 주신 서울대 민교협 임소형, 정세련 간사님께도 고마움을 전합니다.

2017년 12월

관악산 기슭에서
필자들을 대표하여 조홍식 드림

한국 빈곤과
복지정책에 대한 사회사

조흥식 · 서울대학교 사회복지학과 교수

need(욕구)와 want(결핍)

인류역사상 인간에게는 가장 큰 두 가지의 문제가 있었습니다. 하나는 빈곤이고, 다른 하나는 질병입니다. 과거에도 큰 문제였고 지금도 그렇습니다. 그런데 빈곤과 질병이라는 인류의 이 숙명적인 문제는 사실 개인의 문제라기보다는 사회의 문제입니다.

다른 한편, 인간은 삶에 대한 강한 욕구를 갖고 있습니다. 이런 강한 욕구가 있기 때문에 사람들은 어떠한 고통도 견뎌냅니다. 말하자면 빈곤과 질병에도 불구하고 인간은 삶에 대한 강력한 욕구를 바탕으로 부단한 노력을 기울일 수 있습니다. 그리고 이때의 삶에 대한 욕구란 대체로 두 가지의 욕구, 즉 생존의 욕구와 관계의 욕구를 의미합니다.

학문적으로, 특히 사회복지학에서 중시하는 것이 바로 이 욕구(欲求)라는 개념입니다. 우리말 욕구를 영어로 하면, need 혹은 want가 되는데, 두 단어 모두 명사지만 동사로 더 많이 사용됩니다. 문제는 우리말 욕구에 해당하는 영어인 need와 want는 사뭇 서로 다른 뉘앙스를 가진 단어라는 점입니다. 가령 한 남성이 한 여성을 굉장히 사랑해서 "나는 너를 원한다"고 말할 때, need를 사용하는 경우도 있을 수 있고 want를 사용하는 경우도 있을 수 있는데, 그 의미와 뉘앙스가 서로 다르다는 것입니다.

"너의 모든 것을 가지고 싶다"고 영어로 말할 때는 need를 쓸까요 아니면 want를 쓸까요? 예를 들어 생각해보죠. 어떤 한 남성이 한 여성을 굉장히 사랑한다고 해봅시다. 그 심정을 고백해야 하는데, 아마도 우리말로 하지면 "나는 너를 사랑하고 싶다"라고 말을 해야 할 겁니다. 그런데 그 남자는 "오늘 밤에 너하고 자고 싶다. 너의 모든 것을 가지고 싶다"라는 의미로 이 말을 할 수도 있고, "너는 나의 소중한 존재이기 때문에 네가 원하는 대로 하라"라는 의미로 이 말을 할 수도 있을 겁니다. 이럴 경우 need라는 단어나 혹은 want라는 단어를 쓰게 되는데, 이처럼 이성에게 열렬한 사랑을 고백할 때 과연 어느 것이 더 절절한가 하는 문제가 있습니다. 여러분이라면 "I need to love you"라고 하시겠습니까, 아니면 "I want to love you"라고 하시겠습니까?

단어라는게 참 묘한 면이 있습니다. 우선 우리나라에서는 그냥 "원한다"라고 하는데, 이에 해당하는 영어는 앞에서 살펴본 것처럼 두 가지입니다. 그리고 의미도 서로 약간 다릅니다. 물론 둘 다 충족되지 않은 상태를 이야기한다는 공통점은 있습니다. 그렇다면 need와 want는 어떻게 다를까요?

먼저 need는 basic need라고 하는 게 더 적절한 표현이라 할 수 있습니다. 인간이 살아가는데 가장 기본적인 욕구(欲求)를 의미하죠. 반면에 want라는 것은 어떤 의미에서는 인간의 끝없는 욕망(欲望), "해도 해도 모자라다"라는 의미를 담아 쓰는 것이 want라는 용어입니다.

그런데 이러한 need와 want의 개념 구분은 "복지국가 논쟁"이라는 역사 속에서도 찾아볼 수 있습니다. 유럽의 복지국가 논쟁에 있어서 제1단계 논쟁은 "대포와 빵의 논쟁"이었어요.

제1차 세계대전과 제2차 세계대전이 끝나고 나서 활발히 진행된 논쟁이 바로 이것입니다. "국가가 안보를 위해서 무엇을 해야 할 것인가?"할 때, 하나는 "대포가 필요하다"고 주장합니다. 요즘으로 따지자면 국방비가 필요하다는 것이죠. 또 한쪽에서는 "빵"을 주장하는데, 한 마디로 복지가 중요하다는 것입니다. 여러분이라면 과연 어디에 더 많은 예산을 투입하시겠습니까?

이렇게 해서 영국의회에서 논쟁이 붙은 것이 "대포와 빵의 논쟁"입니다. 결국 누가 이겼을까요? 힌트가 필요한가요? 정치인들은 기본적으로 표를 얻기 위해 노력하죠. 그럼 어느 팀이 이겼겠습니까? 빵이 이겼습니다. 빵을 주장한 사람들의 한 마디가 뭔지 아십니까? "대포를 들어 옮길 힘이 있으려면 빵부터 먹어야 한다"는 것이었습니다. 시스템보다는 인간이 중요하다는 이야기죠. 그래서 빵이 이겼습니다. 그 결과 복지국가가 된 거죠.

그런데 이것은 1950년대, 혹은 그 이전인 1940년대 후반의 논쟁이고, 1960년대에 들어 다시 논쟁이 붙습니다. 이것이 이른바 "need와 want의 논쟁"입니다.

need는 basic이라고 아까 말씀드려서 눈치를 챘을 것 같은데, 한 마디로 생존과 직결되는 필요를 말합니다. 인간을 포함하여 모든 살아있는 생명체들은 생존을 하려고 합니다. 생명체는 유한하기 때문이죠. 모든 것이 언젠가는 죽습니다. 아무리 오래 살아도 몇 백년입니다. 나무는 천년 이상도 살 수 있다지만, 그래도 죽음이란 엄연한 사실을 피할 수는 없습니다.

그래서 생겨나는 게 생존욕구, 생존본능입니다. 생명이 있는 한, 모든 생명체는 본능적으로 생존을 모색합니다. 그런데 이상한 일도 있습니다. 본능을 거스리는 일이 생기는 겁니다. 우리나라의 자살률이 대표적입니다. 대한민국의 자살률은 왜 이렇게 높을까요? 인구가 12만 명 정도밖에 안 되는 키프로스를 하나의 나라라고 본다면, 그 나라 다음에 우리나라가 2등입니다. 우리나라 자살률이 OECD에서는 당연히 1위고 백칠십 몇 개국 중에서 우리가 2위입니다. 참 아이러니하지 않은가요? 모든 생명체는 살려고 하는데, 생존이라는 기본적인 본능이 있어서 어떻게든 살려고 하는

데, 왜 어떤 사람들은 스스로 죽을까요?

　　모든 생명체는 생존하려는 본능을 갖고 있다고 말씀드렸습니다. 당연한 얘기죠. 그런데 인간은 다른 생명체들이 가지고 있지 않은 독특한 면도 가지고 있습니다. 인간이 가진 이 독특한 성격에 프로이트(Sigmund Freud)가 이름을 붙인 것이 바로 "Personality(인성, 성격)"입니다. 결국 사람이 갖고 있는 속성은 동물하고는 다르다는 겁니다.

　　그렇다면 다른 동물들에게는 없고 인간에게만 있는 본성, 혹은 인간만이 가진 욕구란 과연 무엇일까요? 바로 "관계성의 욕구"입니다. 인간을 흔히 사회적 동물이라고 하죠? 한 마디로 인간은 혼자서 살 수 없는 존재, 누군가와 관계를 맺어야 하는 존재라는 말입니다. 동물들도 물론 관계를 맺지만, 동물의 관계는 생존과 관련된 관계죠. 인간의 관계라는 것도 생존과 무관한 것은 아니지만, 동물들의 그것과는 차원이 다릅니다. 생각하는 존재, 영혼이 있는 존재이기 때문이죠. 그래서 인간관계라는 것이 굉장히 중요해집니다.

　　인간의 생존과 관련된 욕구가 바로 basic need입니다. 생존하는데 가장 필요한 것이 need라는 겁니다. 그렇다면 want라는 것은 무엇일까요? need를 욕구(欲求)라고 본다면, want는 결핍(缺乏) 혹은 욕망(欲望)이라고 번역하는 것이 적절할 것 같습니다. 조금 더 나쁘게 보면 욕심(欲心)이라고 번역할 수도 있겠죠. 여하튼 want는 "갖고도 갖고도 모자란다"고 여기는 것을 말하죠. 많이 가지고 있는데도 불구하고 늘 "모자란다, 결핍되어 있다"라고 느끼는 것을 말합니다.

그런데 이 want는 역설적으로 끊임없는 생산을 하게 하는 동력이 되기도 합니다. 어쩌면 암과 같은 속성이 있다고나 할까요. 남의 것을 무한정 잡아먹다가 궁극에는 자신도 잡아먹는 최대 결핍의 속성을 가진 암과 같은 속성 말이죠.

need라는 것은, 가령 물을 예로 들 수 있을 텐데, 물이 없으면 모든 생명체가 죽습니다. 반면에 다이아몬드는 없어도 죽지는 않지만, 대신 교환가치가 있습니다. 희소성의 원칙 때문에 교환가치가 사용가치보다도 더 높죠. 인간은 생존 말고 끝없이 더 큰 것을 생각합니다. 그래서 need의 개념은 사회복지학에서 다루고 want의 개념은 경제학에서 주로 다룹니다.

need만 생각하면 production(생산)이 무한정 나오지 않아요. 아름다움에 대한 욕망 때문에 인간은 얼굴을 뜯어고치지 않습니까. 그래서 성형외과가 창출되죠. 가만히 있으면 GDP가 안 생기죠. GDP라는 게 Gross Domestic Production(국내총생산)이죠. 경제에서는 가장 근본적인 게 생산입니다. 생산을 추구하는 것이 경제학이죠. 경제의 원칙은 want라는 인간이 가진 욕망에서 출발한다는 겁니다. 만약 need만 가지고 있다면 경제에서의 production이라는 것이 계속 창출되지 않을 거예요.

반면에 빈곤과 관련된 것은 근본적으로 need의 문제입니다. 그래서 사회복지에서는 빈곤과 질병에 대해 관심을 갖는 거죠. 경제학 쪽에서는 빈곤에 대한 관심이 사회복지학보다는 상대적으로 떨어지죠. production이 중요하니까요.

경제학 측면에서 보자면 일찍이 마르크스나 그 추종자들이 나타나서 실험을 해보았는데, 공산주의 혹은 사회주의는 성공하지 못했습니다. 왜 안 됐을까요? 인간의 본성이 need만 추구하는 존재가 아니기 때문입니다. 그래서 want의 속성을 중요시하게 되었는데, 그게 자본주의가 추구하는 방향과 똑같습니다.

소련식 사회주의가 망한 지는 아직 얼마 되지 않았습니다. 독일 통일과 함께 베를린 장벽이 무너지면서 서서히 소련에 영향을 주어서 그렇게 되었는데, 1991년에 베를린 장벽이 무너졌습니다. 비슷한 시기인 1991년에 소비에트 연방이 74년 만에 해체되었습니다. 그 후 자본주의가 완전히 승리를 하는 듯하다가, 자본주의에서도 큰 문제가 터집니다. 2008년이죠? 월가에서 시작된 금융위기가 전 세계를 휩쓸었습니다. 경제라는 것은 언제나 이처럼 불완전한 체제죠. 이제부터 복지에 대해 살펴봅시다.

복지를 한자로 써볼까요? "福祉"라고 씁니다. 우선 아시아 사람들 모두가 좋아하는 글자가 이 "복(福)"이라는 글자입니다. 특히 중국 사람과 우리나라 사람들이 좋아하죠. 일본 사람도 좋아합니다. 그 다음에 "지(祉)"라는 한자가 있습니다. 복(福)은 "복 복"자라고 다들 아시죠? 지(祉)도 "복 지"자입니다. 이 두 글자를 조금 분석해볼까요?

먼저 복(福)이라는 한자의 왼쪽에 붙은 것은 "볼 시(示)"자입니다. 그리고 오른쪽에 있는 것이 "높을 고(高)"와 "밭 전(田)"자죠. "밭에서 나는 것을 높이 쌓아놓은 것을 보는 게 복"이라는 의미죠. 이 글자는 풍성함을 나타내는 것입니다. 요즘 말로는 부자이고, 재물이 풍성하게 많은 것이 바로 복이라는 생각을 담은 글자입니다. 여기에 대해서는 지금도 많은 사람들이 그렇게 생각할 거라고 봅니다.

자 그럼 이번에는 "복 지(祉)" 자를 한번 보시죠. 이 글자의 왼편에 있는 것은 역시 "볼 시(示)" 자입니다. 그리고 오른편에는 "멈출 지(止)" 자가 있습니다. "멈추는 것을 보는 게 복"이라는 의미가 됩니다. 참 의미심장하지 않나요? 결국 욕심과 욕망을 일정 정도에서 멈추는 게 복이라는 의미를 담은 글자입니다.

인간은 보통 무한정 want를 욕망하는데, 욕망이 이렇게 커진다는 것은 그에게 무언가가 결핍되어 있기 때문이죠. 예를 들어 봅시다. 어떤 사람이 경영하는 중소기업의 1년 매출액이 1,000억이라고 해보죠. 그런데 국내 100대 기업에 들기 위해서는 매출액이 1조는 되어야 합니다. 이런 상황에서 그 경영자는 "조금 더 노력해서 1조를 넘겨야겠다"고 생각할 수도 있을 겁니다. 하지만 이렇게 생각하는 순간, 그에게는 9,000억의 결핍이 생기게 됩니다. 이로써 그는 1,000억의 매출을 올리는 사람이 아니라 매출 9,000억이 "부족한" 사람이 되는 것이죠. 이처럼 큰 결핍이 생기면 그는 어떻게 할까요? 죽을 둥 살 둥 일에만 매달리고, 건강이나 가족도 돌보지 않고, 여기저기 로비도 하고, 막 그럴 거 아니에요? 이건 "I need to have 1조"가 아니라 "I want to have 1조"죠.

왜 복지(福祉)에서 "지(祉)" 자가 중요하고 철학적인 의미를 갖는지 생각해봐야 합니다. 지(祉)는 끝없는 욕망을 멈추는 것이 복이 있다는 말입니다. 멈추지 않으면 복도 없습니다. 그런 사례가 적지 않습니다. 우리는 흔히 자기가 나이 든다는 것은 생각지도 않고, 죽음을 앞두고 있어도 아름답게만 보이려고 하기도 합니다. 어떤 나이 든 여배우는 보톡스를 맞지 않았더라면 정말 좋았을 텐데, 결국 맞아서 엉망이 되잖아요? 아무리 해도 욕망이라는 것은 100퍼센트 채워질 수 없는 것인데, 우리는 그걸 잊곤 합니다.

욕망을 적절하게 멈추는 게 복이라는 말은 참 의미심장합니다. 우리 몸은 많이 먹을수록 병이 더 쉽게 납니다. 적절하게 먹으면 병이 안 납니다. 무엇이든 과하면 문제가 생깁니다. 집안에 돈이 많으면 형제끼리 안 싸우는 경우가 드뭅니다. 우리 같이 가진 게 적은 사람이 볼 때는 "그렇게 돈이 많은데 뭘 그렇게 싸우나?" 하지만, 그 사람들이 더 want의 개념을 갈망합니다. 어떻게 보면 결핍자고, 어떻게 보면 속된 말로 걸인이죠. 언제나 굉장히 부족하다고 생각하는 사람들입니다.

"복지"에서는 "지(祉)" 자가 더 큰 의미를 가집니다. 그런데 현대인들은 앞의 "복 복(福)" 자만 생각하고 뒤의 "복 지(祉)" 자는 잘 생각하지 않습니다. 우리가 사는 사회에서는 생존을 위한 need조차도 안 될 때, 흔히들 가난하다고 이야기합니다. 그렇다면 빈곤이란 무얼까요?

빈곤과 복지의 관계

골목안 풍경 30년, 1968–2001
(김기찬 사진선집)

저는 옆에 있는 이 사진을 참 좋아합니다. 이게 어느 때 사진일까요? 이 사진은 불과 30년도 되지 않은 것으로, 당시의 서민 지역을 촬영한 것입니다. 지금도 이런 지역이 우리나라 도시들 군데군데에 있을 겁니다.

제가 좋아하는 햇빛이 들어오는 사진인데요, 햇빛 속에 아이가 있습니다. 요즘에는 어떻게 되었습니까? 대부분 개발을 해서 아파트 단지로 바뀌어 버렸죠. 그래도 아이는 자랄 것 아니겠습니까? 자라서 청소년이 되고 성인이 되겠지요. 사진 속의 집들은 어떤가요? 이런 집들은 얼마전까지는 우리 모두에게 낯익은 모습이었는데, 지금은 재개발을 통해 아파트로 변한 곳이 많죠.

여러분들은 이 사진에서 무엇을 느낄 수 있습니까? 그래도 희망을 느낄 수 있지 않습니까? 햇볕 속의 아이가 던지는 이미지와 메시지는 과연 뭘까요? 이제 빈곤에 대해 조금 더 살펴보기로 합시다. 그 전에 시를 한 편 읽어볼까요?

◆

가난한 사랑노래 – 이웃의 한 젊은이를 위하여

– 신경림

가난하다고 해서 외로움을 모르겠는가

너와 헤어져 돌아오는

눈쌓인 골목길에 새파랗게 달빛이 쏟아지는데.

가난하다고 해서 두려움이 없겠는가

두 점을 치는 소리

방범대원의 호각소리, 메밀묵 사려 소리에

눈을 뜨면 멀리 육중한 기계 굴러가는 소리.

가난하다고 해서 그리움을 버렸겠는가

어머님 보고 싶소 수없이 뇌어보지만,

집 뒤 감나무에 까치밥으로 하나 남았을

새빨간 감 바람소리도 그려보지만.

가난하다고 해서 사랑을 모르겠는가.

내 볼에 와 닿던 네 입술의 뜨거움

사랑한다고 사랑한다고 속삭이던 네 숨결

돌아서는 내 등 뒤에 터지던 네 울음.

가난하다고 해서 왜 모르겠는가,

가난하기 때문에 이것들을

이 모든 것들을 버려야 한다는 것을.

◆

이 시는 제가 좋아하는 시인 중의 한 분인 신경림 선생이 쓰신 건데요, 같이 한번 읽어볼까요?

시의 마지막 행에 보면, "이 모든 것을 버려야 한다는 것을"이라는 말이 나오는데, 이때의 "이 모든 것들"이란 무엇일까요? 저는 이것이 제가 앞에서 언급한, 인간에게 필요한 가장 기본적인 "생존과 관계성"에 대한 것을 의미한다고 이해하고 있습니다. 인간이기 때문에 그리움도 있고, 외로움도 있고, 두려움도 있고, 사랑도 하고 그러는 것이죠. 사회복지학에 딱 맞는...... 그런 얘기입니다. 가난이라는 게 인간들끼리 맺는 "관계성"과도 깊은 연관이 있습니다. 곰곰이 한번 읽어 보십시오. 느껴지는 감정들이 다 다를 겁니다.

"가난은 나라님도 구제하지 못한다." 흔히 듣는 말인데, 이게 과연 맞는 얘기일까요? 그런데 나라마다 가난의 사정이 다르다면, 이건 역으로 나라가 어느 정도는 가난을 구제할 수도 있다는 이야기가 됩니다.

그런데 얼마 전까지도 우리나라에서는 "가난은 나라님도 구제하지 못한다"는 말이 진리처럼 받아들여졌습니다. 그 말은 가난은 당신의 "개인 책임"이라는 거죠. 당신이 가난한 것은 당신이 열심히 노동 안 하고, 나태하거나 게을러서 그렇다는 겁니다. 그런데 요즘 게을러서 가난합니까? 비정규직이 게으른 사람입니까?

40여 년 전에, 대서양을 사이에 두고 한 쪽에서는 영화배우가 지도자가 되고, 또 다른 한 쪽에서는 냉혈한 여성이 수상이 되었습니다. 그때부터 신자유주의가 등장하기 시작합니다. 그게 1970년대입니다. 이러한 신자유주의는 한 30년 지속되었죠. 그 후 사회주의가 멸망하게 되고, 신자유주의는 끊임없는 욕망을 따라서 홀로 질주하게 됩니다. 이렇게 끊임없는 want를 따라 독주하다가 결국 2008년 9월에 월가를 시작으로 와르르 무너지기 시작했습니다. 이런 사태가 생길 경우 예전에는 한 국가의 내부에서만 영향이 미쳤습니다. 그런데 지금은 글로벌라이제이션(globalization, 세계화)이 되면서 전 세계적으로 돈이 움직이게 되었죠. 그 결과 소동도 전 세계로 순식간에 파급되었습니다. 신자유주의가 그만큼 중요하고 또 그만큼 무서운 겁니다.

신자유주의 이전의 자본주의를 흔히 산업자본주의라고 합니다. 이때 나온 원리가 "무노동 무임금"이라는 거죠. 다시 말해서 "노동을 하지 않은 사람은 돈도 가져가지 말라"는 얘깁니다. 그랬을 때, 같은 조직에서 돈을 가장 많이 가져가는 사람과 가장 적게 가져가는 사람의 차이는 보통 10배를 넘지 않았습니다. 오늘날 공공 조직의 월급을 보면 이걸 확인할 수 있습니다. 우리나라의 공무원을 보십시오. 대통령과 9급 공무원의 연봉 차이가 어떻습니까? 9급 공무원의 연봉이 2,000만원 정도 되지 않습니까? 대통령의 연봉은 2억 2,000~3,000만원 정도입니다. 딱 10배 정도죠. 옛날에는 이처럼 격차가 10배를 넘지 않았어요.

그런데 신자유주의가 금융자본주의로 되면서 돈 넣고 돈 먹기 게임이 시작됩니다. 이런 돈 넣고 돈 먹기 게임을 통해 전 세계의 돈을 상당히 많이 쓸어모은 부자가 바로 워런 버핏 같은 사람들입니다. 여기 서울대학교의 학생들 가운데 몇 명도 학부에 다니면서 한 300억을 벌었다는 이야기를 들은 적이 있습니다. 그런 걸 서로 가르치고 배우는 서클도 있습니다. 그 정도로 대학도 시장화가 되어 있다는 이야기죠.

외환 가지고 장사하는 것 아시죠? 중국에도 있습니다. 몇 년 전에 고등학교도 채 안 나온 어떤 친구가 이 외환 투자를 통해 2~3년 사이에 7~8,000억을 벌었다는 이야기가 시중에 떠돌았습니다. 그런데 불과 1년 후에 감옥에 갔죠. 남의 돈 빌려다가 투자를 했는데, 투자가 실패하면서 그 돈을 못 갚게 되고, 결국 사기꾼이 된 겁니다.

일찍이 칼 마르크스는 잉여가치설이라는 이론에서 "자본주의가 가진 가장 큰 아킬레스건은 돈 넣고 돈 먹기"라고 주장한 바 있습니다. 고삐가 풀리면 자본주의는 그만큼 통제불능이 된다는 얘기입니다.

그렇다고 제가 사회주의나 공산주의를 옹호하자는 것은 아닙니다. 인간의 본성을 기준으로 볼 때, 사회주의는 성선설에 기반을 두고 있고 자본주의는 성악설에 기반을 두고 있다고 구분할 수 있겠습니다. 그리고 이론(異論)이 있겠지만, 저는 대체로 성악설이 맞다고 봅니다. 인간이라는 존재는 결단코 교육에 의해서 이타성이 길러지지는 않는다고 보기 때문입니다. 영악스럽고 이기적이죠. 자본주의는 그것을 알고 출발합니다. 반면에 사회주의는 교육을 시키면 사람들이 평등해지는 방향으로 갈 것이라고 전제하는데, 사실 출발도 하기 전에 자기들이 이미 "계급"을 만들었어요. 자기들은 계급장 땐다고 말하지만, 그들이 무엇을 만들었습니까? 호주머니 개수를 가지고 봤죠. 그것도 계급 아닙니까? 별이 한 개냐 두 개냐 하는 것만 계급을 말하는 것이 아닙니다. 이것은 인간이 어쩔 수 없이 가지는 본성이죠. 그러니까 기본 원리로 보면 사회주의는 자본주의를 이길 수가 없습니다. 그런데 자본주의에도 해독이 있기 때문에 잘 다독거려 가면서 해야 하는 겁니다. 아까 "지(社)"자 기억하시죠? 그런 통제 장치가 필요한 것인데, 어느 순간 그 컨트롤 장치의 한 부분이 빠져버렸어요. 그게 금융자본주의가 된 것이죠.

프란체스코 교황이 유럽의 부자들을 불러놓고 이렇게 물었다고 합니다.

"당신은 정말로 노동자들의 100배나 되는 임금을 받을 만한 일을 하고 있습니까?"

교황의 지적처럼, 옛날에는 이렇게 격차가 크지 않았습니다. 자본금을 댄 사장이라 하더라도 기본적으로는 노동자들과 수입을 나누었습니다. 그런데 지금은 누가 가져갑니까? 대다수의 수익을 주주들이 가져갑니다. 그게 돈 넣고 돈 먹기죠. 결국 노동자는 더 가난해집니다.

우리나라의 경우에도 1997년의 IMF 이전까지는, 그러니까 금융자본주의가 성행하기 이전까지는 노동자들에게도 희망이 있었습니다. 가난은 나라님도 구제하지 못한다지만, 대신 열심히 일하면 누구나 가난에서 벗어날 수 있다는 희망이 있었습니다. 열심히 공부하고 노력해서 어지간한 직장에 취업을 하기만 하면 55세까지 정년이 보장되던 시대였죠.

그런데 어느 날 갑자기 IMF가 들어왔고, 동시에 금융자본과 주주들이 들어왔습니다. 본래 주인이던 노동자들은 하루 아침에 길거리에 나앉았습니다. 누구의 탓일까요? 빈곤의 책임은 개인에게 있는 것일까요, 아니면 국가에게 있는 것일까요?

빈곤의 문제와 관련하여 최근에는 나날이 높아지는 청년실업 문제도 큰 이슈가 되고 있습니다. 제 생각에 청년실업이 이렇게 높아지는 이유는 크게 두 가지인 것 같습니다. 하나는 현대의 자본주의가 이미 고삐가 풀려서, 어떻게 처리해야 할 것인지에 대해 예측을 잘못한 때문입니다. 또 하나는 과학기술의 발달에 기댄 자동화의 결과로, 전에는 사람이 하던 많은 일들을 이제는 기계가 하게 되었기 때문입니다. 기계는 사람보다 싸고 말을 잘 듣습니다.

경기가 어려울 때 정부에서 왜 건설부문에 많은 돈을 투입하는지 아시나요? 건설회사는 그래도 고용을 많이 해주기 때문입니다. 그런데 이것도 이미 옛날 얘기입니다. 지금 보십시오. 물건은 공장에서 기계로 다 만들어 놓고 현장에서는 조립만 합니다. 물론 조립도 기계로 합니다. "내가 해봐서 아는데……"라면서 60년대식으로 건설부문에 돈을 퍼넣어봐야, 특히 4대강에 퍼부어봐야 무슨 결과가 나옵니까? 고용이 잘 창출되었습니까? 청년 실업이 줄었습니까?

빈민정책의 역사

한 국가가 국가 차원에서 가난한 백성들의 빈곤 문제를 정책적으로 해결해보고자 시도한 첫 사례는 영국의 "빈민법" 제정입니다. 1601년의 일이죠. 국민들의 빈곤 문제가 국가 책임이라고 처음 선언한 것이라는 데 큰 의미가 있습니다.

영국에서 이 빈민법이 처음 제정될 당시는 여러 영화나 소설들에서 자주 등장하는 앤 공주와 헨리 8세 등이 활동하던 무렵이었습니다. 영국의 첫 번째 여왕인 이복언니 메리 1세의 뒤를 이어 엘리자베스 1세가 등극한 때이기도 한데, 엘리자베스 1세는 아주 영특한 여왕이었습니다. 우선 새로이 수장령(1559)을 선포함으로써 영국의 국교인 성공회를 강화시켰죠. 성공회로 안 가겠다고 해서 갈라진 게 남아일랜드입니다. 남아일랜드는 아직도 로마 가톨릭을 믿는 사람이 제일 많아요. 남아일랜드 출신으로 돈을 많이 벌어서 나중에 미국의 대통령까지 만든 가문이 바로 케네디 가문입니다.

아무튼, 엘리자베스 1세는 1590년대에 극심한 기근이 들자 폭동을 두려워한 나머지 의회로 하여금 1597년에 처음으로 빈민법을 제정하도록 했습니다. 물론 그 이전인 중세시대에는 국가 차원의 빈민 정책은 일절 없었습니다. 이때까지 빈민 구제는 주로 교회나 수도원, 그리고 장원 등에서 맡고 있었습니다. 그러다 16세기 들어 엔클로저(enclosure) 운동이란 것이 일어납니다. 지주들이 수익성이 높은 양모(羊毛)를 대량으로 생산하기 위하여 기존의 농지를 양목장으로 바꾸고, 이로써 농지를 잃은 수많은 농민들이 길거리에 나앉게 됩니다. 여기에 물가 폭등이 겹치자 걸인과 부랑인이 기하급수로 늘어났고, 이미 수도원이 해산되었기 때문에 결국 가톨릭 교구가 구빈 사업을 책임지게 되었던 것입니다.

그러다보니 구빈세가 생겨나고 구빈위원회도 설치되었는데, 1601년에 약간의 수정을 거쳐 의회를 통과한 이 빈민법이 그 후 250년 동안 영국 빈민 정책의 근간이 됩니다. 이때까지 교회가 관리하는 자선사업의 영역이었던 빈민구제는 이제부터 국가가 본격적으로 책임지게 되었던 것입니다. 즉 각 교구에 빈민 감독관을 두고, 이들로 하여금 확실한 생계수단이 없는 걸인과 부랑인들에게 숙소와 일자리를 마련해 주도록 권한을 부여했던 겁니다. 그리고 이를 위해 교구 단위로 빈민구제를 위한 구빈세 납부를 의무화했습니다.

그러나 오늘날의 빈민 인권 관점으로 볼 때 빈민법은 구걸하거나 떠돌아다니는 행위를 금지하고, 이를 어길 때에는 가혹하게 처벌했다는 점에서 결코 좋은 빈민정책은 아니라 하겠습니다. 이후 영국의 빈민정책은 1662년 떠돌이 빈민을 출생지로 돌려보내도록 규정한 정주법, 1723년 빈민들의 구빈원 수용의 강제화, 1782년 빈민원 밖에서의 구제(원외구조) 인정, 1795년 일정 임금 이하의 사람에게는 구빈세에서 생활보조금을 주기로 한 스핀햄랜드제도 시행, 1834년 원외구조를 전면 폐지한 반인권적인 개정빈민법 제정과 실시 등으로 이어집니다. 그 후 빈민사업은 차차 각 주정부와 국가 기관으로 이관되었습니다. 20세기에 와서는 사회보장제도가 구축되었는데, 1946년 국민보험법, 1948년 국민부조법이 제정됨으로써 빈곤 해결을 위한 복지제도가 발전되어 왔습니다.

독일의 경우, 전세계적으로 복지제
도 구축에 획기적인 사례를 제공한 인물
이 있는데, 바로 비스마르크입니다. 비
스마르크 때인 1890년대에 처음으로 사
회보험제도 세 가지가 만들어집니다. 노
동보험(산업재해보상보험), 의료보험, 연금
이 그것입니다. 이 세 가지에다 1911년
영국에서 고안된 실업보험(고용보험)을 합
치면 사회보험의 종합판이 되는 거죠.

비스마르크

앞에서 언급했듯이 영국 빈민법의 역사는 매우 끈질겨서, 1834년에 개
정빈민법이 만들어져 적용되다가, 비버리지 보고서가 나오는 1942년에야
빈민법이 사라집니다. 그 정도로 빈민법의 역사가 깁니다.

그런데 이 빈민법이 가진 원칙 중의 하나가, 국가가 도와주는 액수가 노동
을 해서 버는 가장 낮은 액수보다 적어야 한다는 것입니다. 달리 말하면, 최
저임금의 수준이 국가가 수급해 주는 공공부조보다는 높아야 한다는 것이죠.
그 논리가 노동인센티브입니다. 노동을 할 수 있는 사람은 모두 노동을 하도
록 하자는 것입니다. 안 그러면, 다시 말해 국가의 공공부조가 노동자의 최저
임금보다 높으면 사람들이 아무도 노동을 하지 않을 것이라는 얘기입니다.

이것이 맞는 원리일까요? 인권의 관점에서 보면 절대 아닙니다. 가난
한 사람의 need가 노동자의 need보다 높을 때가 종종 발생하기 때문이

죠. 곰곰이 생각해 보시기 바랍니다.

빈곤에 대한 국가 정책의 개입은 세계사적으로 사회보장이라는 차원에서 이루어져 왔습니다. 사회보장을 국가의 책임으로 이야기한 것이 1942년입니다. 이 해에 국제노동기구(ILO)가 이를 채택하면서부터 회원국들은 비준해야 했죠. 그래서 사회보장이 국가의 책임으로 되고, 가난이라는 것도 국가의 책임으로 되게 된 겁니다.

빈곤의 이해

다시 빈곤문제로 돌아와 봅시다. 빈곤에는 절대적 빈곤과 상대적 빈곤이 있습니다. 절대적 빈곤은 한 사회에서 최소한의 생계를 유지하기 위해 필요한 재화와 서비스를 구입하는 데 소득 수준이 미치는 못하는 경우를 말합니다. 우리나라에서는 가구총소득이 국민기초생활보장제도에서 정하는 최저생계비에 미치지 못하는 계층을 절대빈곤층이라 합니다.

절대빈곤을 말할 때 엥겔계수를 흔히 이용합니다. 전체 소비액 중 음식물 값이 차지하는 비중이 1/3을 넘으면 문제가 된다고 봅니다. 말하자면 절대빈곤의 또 하나의 기준이죠. 사람은 누구나 먹어야 살지만, 사람이 먹는 데에는 한계가 있습니다. 그런데 소득의 1/3 이상을 식비로 지출한다면, 이는 그 사람이 식비를 특별히 많이 쓰기 때문이 아니라 수입 자체가 적기 때문입니다. 수입이 늘어난다고 식비가 똑같은 비율로 늘어나는 것은 아니기 때문에, 수익이 많아질수록 엥겔계수는 낮아집니다. 반대로 수익이 줄더라도 식비를 줄이는 데에는 한계가 있기 때문에, 수익이 낮아질수록 엥겔계수는 높아집니다. 누구나 식비로 최소한의 금액은 반드시 지출해야 하기 때문에, 즉 먹지 않고는 살 수 없기 때문에 엥겔계수가 빈곤의 척도가 될 수 있는 것입니다.

요즘은 빈곤을 말할 때 주거비도 자주 거론됩니다. 미국에서는 직장이 있고 신용이 있으면 집값의 70퍼센트까지 모기지(mortgage)로 빌려주는 것이 일반적이었습니다. 모기지는 보통 20년 정도 매달 일정액을 갚는 방식으로 상환합니다. 그러다가 중간에 집을 팔 수도 있는데, 만약 파는 사람이 2년을 살았다면 사는 사람이 나머지 18년치를 책임지고 갚는 조건으로 거래가 이루어집니다.

그런데 이 모기지 제도가 서브모기지가 되다 보니까, 이상하게 변질되어 자기 집값보다도 더 많은 돈을 은행에서 빌릴 수 있게 되었습니다. 1억짜리 집으로 1억 2,000만원을 대출받을 수 있게 된 것이고, 그만큼 주택시장과 금융시장에는 거품이 생기게 됩니다. 그러다 2008년 미국 월가에서 거품이 터지기 시작했고, 결국 이것이 세계 경제의 위기로 확산되었죠.

상대적 빈곤은 그 사회의 중위소득 또는 평균소득 수준과 대비하여 상대적으로 소득이 낮은 경우를 말합니다. 보통 가구총소득이 중위소득 또는 평균소득의 40~50퍼센트 이하에 속하는 계층을 상대적 빈곤층이라 합니다. 또한 가구총소득이 중위소득 또는 평균소득의 50~70퍼센트에 속하는 계층을 '상대적 빈곤 차상위계층'이라 하기도 합니다.

빈곤선을 중위소득 또는 평균소득의 몇 퍼센트로 설정할 것인가와 관련해서 국제적인 합의는 존재하지 않습니다. 연구자들도 대개 40~80퍼센트까지 다양한 기준선을 제시합니다. 참고로 유럽 통계청(Eurostat)은 빈곤선을 중위 소득의 60퍼센트로 설정하고 있지만, 프랑스 통계청(INSEE)은 중위 소득의 50퍼센트를 빈곤선으로 설정하고 있습니다.

그러나 최근 선진국에서는 상대적 빈곤 개념을 확장하여 불평등의 개념을 강조합니다. 그리고 금전적인 결핍 여부만으로 빈곤을 판정하는 것을 넘어서 돌봄서비스, 주거, 환경, 교육, 문화 등 다양한 영역에서의 결핍 및 이의 동태적인 변화를 포착하기 위한 사회배제(social exclusion)라는 개념을 중요하게 부각시키고 있습니다.

불평등과 관련해서는 지니계수가 많이 활용됩니다. 지니계수는 0부터 1까지인데요, 불평등 정도를 숫자로 나타낸 것입니다. 지니계수가 0이라는 것은, 똑같이 나누면 분포에 의한 계수가 0이 돼버린다는 의미입니다. 가령 100명한테 100원을 1원씩 나누어주면 0입니다. 그런데 한 사람한테 몽땅 100원을 다 주면 1이 됩니다. 지니계수의 숫자가 0.9라고 하면 굉장히 높은 것이죠. 보통 0.5를 넘으면 불평등도가 심하다고 봅니다.

우리나라는 보통 0.3정도로 보는데요, 주의 깊게 보셔야 합니다. 지니계수를 볼 때, 도시 평균 가계소득이 사용되기도 하고 나라 전체 평균 가계소득이 사용되기도 하기 때문에 구별해서 봐야 합니다. 그냥 "평균 가계소득"이라고 할 때는 농어촌 가계까지 포함해서 평균을 내는 것이고요, "도시 평균 가계소득"이라고 하면 농어촌 가계의 소득은 제외하고 도시지역에서만 평균을 낸 겁니다. 농촌과 도시 중 어느 쪽이 더 높겠습니까? 도시가 당연히 더 높습니다. 그래서 어디를 선택하느냐에 따라서 결과가 달라지죠.

"가계소득"이라고 하더라도, 가령 1인가구는 혼자 사는 가구를 말합니다. 옛날에는 이걸 가족이라고 안 봤고, 이걸 떼어서 하는 경우도 있습니다. 그러니 자세히 보지 않으면 안 돼요. 1인가구까지 모두 합친 경우와, 2인가구 이상만 대상으로 해서 평균을 내는 경우를 비교할 때 지니계수는 어느 쪽이 더 높겠습니까? 당연히 1인가구까지 모두 합산했을 경우죠. 1인가구는 자기 혼자 먹고 살아가기 때문에 평균적으로 소득이 적기 때문입니다. 신문을 자세히 보지 않으면 정부가 자신에게 가장 유리한 것으로 지니계수를 낸다는 걸 놓치게 됩니다. 무슨 말인지 아시겠습니까?

대부분의 선진국들은 상대적 빈곤 개념을 씁니다. 우리나라도 2014년 12월에 드디어 상대적 빈곤의 개념을 도입해서, 2015년 7월 1일에 처음 시행하기 시작했습니다. 구체적인 내용은 조금 후에 설명드리겠습니다.

그렇다면 오늘날에는 빈곤을 어떻게 볼까요? 우선 옛날에는 경제적인 빈곤만 봤습니다. 그러다가 흐름이 바뀌게 되는데, 아마르티아 센(Amartya Sen)이라는 학자의 영향이 컸습니다. 센은 경제학자인데, 복지학자라고 할 정도로, 중요한 경제 문제에서 윤리와 철학을 복원하고, 불평등과 빈곤 문제를 중심으로 복지경제학에 기여한 분입니다. 그 공로로 1998년 아시아인 최초로 노벨경제학상을 수상하였습니다. 이분은 가난은 꼭 물질적인 것에만 국한되는 것이 아니며, 궁극적으로 가난을 이겨낼 수 있는 능력을 주지 않을 때 더 큰 가난이 온다고 봤습니다. 경제학에서 제일 중요하게 여기는 게 이율과 효율성의 개념입니다. 그런데 이것은 물질적인 관점이죠. 반면에 센은 사람을 중심으로, 가난이 어떻게 "관계성"도 망가뜨리는지 연구하고, 어떻게 하면 가난을 해결할 수 있을까 고민합니다. 이 과정에서 가난을 해결할 수 있는 능력이라는 개념도 도입합니다. 비단 물질만이 아니라 능력을 주지 않는 것도 가난을 심화시킨다고 본 것입니다. 그 이후에 나온 연구결과가 아래 표에 나와 있습니다.

빈곤과 사회배제

	정태적 결과	역동적 과정
소득	빈곤	궁핍화
다차원적	박탈	사회배제

자료 : Berghman, J, 1995, 'Social Exclusion in Europe: Policy Context and Analytical Framework', In Room, G, (ed.) *Beyond the Threshold: The Measurement and Analysis of Social Exclusion*, Bristol: Policy Press, p.21.

이에 따르면 가난에는 네 가지 개념이 있다고 합니다. 우선은 정태적인 결과로 나타나는 것입니다. 직장에 다니면서 월급을 받는 자체는 생산에 대한 분배고, 사업을 하는 사람들은 사업을 통한 소득을 얻죠. 소득에는 여러 가지가 있습니다. 일을 해서 얻는 근로소득, 내가 사업을 해서 얻는 사업소득이 대표적이죠. 여기에 부동산을 가지고 있어서 임대료를 받는 것은 자산소득이고, 요즘 고삐 풀린 금융소득도 있습니다. 예전에는 금융소득이라고 해봐야 돈을 빌려주고 이자를 받는 것 밖에 없었는데, 요즘에는 주식투자 배당금 등등 금융소득도 다양합니다. 어쨌든 이렇게 다양한 형태로 소득이 생기는데, 그 배분 받은 소득이 적으면 물질적으로 빈곤하다는 것입니다.

한편, 역동적 과정에서 소득만을 보았을 때, 빈곤 말고 과정만을 볼 때는 궁핍화된 것입니다. 아까 우리는 1,000억 가진 사람이 1조 가진 사람을 부러워하면 결핍을 느끼게 된다는 애기를 했었는데, 바로 그런 경우입니다. 그것은 결과로서 빈곤한 것은 아니지만, 하나의 과정으로서 빈곤을 느끼는 거죠. 부자도 궁핍화가 일어날 수 있다는 것입니다. 상대적 비교를 통해 그 과정을 보게 되면 그렇다는 겁니다.

다차원이라고 하는 것은 소득뿐만 아니라 능력이라든지 친구의 다소(多少) 문제 같은 것도 함께 보는 것입니다. 그 최종의 결과로 나오는 것이 박탈이라고 하는 것입니다. 흔히 "상대적 박탈감"을 느낀다고 하는데, 이것도 빈곤의 한 유형입니다. 이래서 사회복지, 특히 배분이라는 것이 굉장히 힘든 정책 과제가 됩니다. 생산은 생산만 하면 되는데, 나누어 주는 것이 더 힘들어요. 돈을 나누어주다 보면 "옆에는 100만원 주면서 나는 왜 80만원밖에 안 주느냐, 기준이 뭐냐?" 하는 불만들이 생깁니다. 상대적 박탈감 때문입니다. 차라리 안 나누어주면 아무 말도 없을 텐데 말이죠. 그래서 조삼모사라는 비판도 나옵니다. 아침에 세 개 줬다가 저녁에 네 개를 주고, 또 바꿔서 아침에 네 개를 줬다가 저녁에 세 개를 주고. 일곱 개는 똑같은 거잖아요? 그런 개념이죠. 나누어준다는 게 자칫 이처럼 상대적 박탈감을 불러일으키기도 하는데, 물론 이건 절대적 빈곤으로 느끼는 것은 아닙니다. 박탈이라는 개념은 여러 가지 요소가 복합적이어서, 경제적인 것 뿐만은 아니라는 점이 중요합니다.

그 다음에 사회배제(exclusion)라는 개념이 21세기에 들어와서, 특히 유럽국가를 중심으로 해서 EU공동체에서 많이 연구를 했습니다. 그럼 사회배제라는 것은 뭘까요? 사회적 역동 과정에서 나타나는 것인데요, 요즘 언론 등에 많이 등장하는 청년실업 같은 것도 사회배제의 한 사례가 됩니다.

청년실업에 관한 뉴스가 나올 때면 많은 장년층들은 개탄을 하곤 합니다. "취업이 그렇게 힘들다면 중소기업에 가면 되지, 왜 굳이 대기업만 고집하느냐" 하는 개탄이죠. "배가 불러서" 그러는 것이라고 진단하기도 합니다. 하지만 이는 현실과 동떨어진 얘기일 수 있습니다. 우리나라의 경우 일단 청년들이 중소기업에 한번 취직을 하면 이후에는 여간해서 대기업으로 옮겨갈 수가 없습니다. 유럽에서는 중소기업에서의 경험을 가지고 대기업에 갈 수도 있는데, 우리는 그게 아니에요. 게다가 우리 사회는 재벌 중심 사회입니다. 취업을 앞둔 청년들 입장에서는 어떻게 해서든 재벌 대기업에 들어가야 하는 것이죠. 첫 단추가 그만큼 중요하기 때문입니다. 사회에서 배제되지 않으려면 그 수밖에 없는 겁니다.

사회배제에 대한 것은 돈의 문제가 아니라, 다른 차원에서 이야기를 해보아야 한다는 겁니다. 중소기업 근로자의 월급을 높인다든가, 보람을 더 준다든가 하는 방식으로 말입니다.

한편, 수입은 조금 적지만, 요즘 젊은이들은 창업에 관심이 많습니다. 식당도 하려고 합니다. 중소기업엔 안 가는데, 그런 건 또 하려고 한다는 겁니다. 이런 현상을 어떻게 설명할 거냐? 배제라는 개념에서 설명을 할 수 있다는 겁니다. 사회배제 역시 큰 틀에서의 빈곤입니다. 청년들에게만 과거식의 요구를 할 것이 아니라는 이야기입니다.

이 사진은 어디서 많이 본 것이죠? 소위 송파구 세 모녀 사건의 모녀들이 세상에 마지막으로 남긴 편지봉투인데, 이렇게 적혀 있습니다.

"주인 아주머니께... 죄송합니다. 마지막 집세와 공과

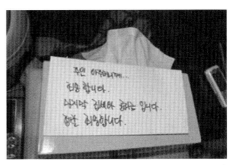

송파구 세모녀 사건(동아일보 2014년 2월 28일 기사)

금입니다. 정말 죄송합니다."

2014년 2월에 있었던 사건이고, 보시는 사진은 동아일보가 찍은 것입니다.

빈곤 복지정책의 핵심인 공공부조제도를 보면, 정부는 저소득자에게 지원하되 자산조사를 반드시 거칩니다. 가난하다는 것을 증명해야 받을 수 있도록 되어 있어요. 일반 조세를 재원으로 하죠. 국가나 지방자치단체가 운영하고, 자활과 자립을 위해 전문사회복지서비스를 함께 제공하고 있습니다. 신청자의 권리로, 요구를 하면 받는 것으로 되어 있습니다. 그런데 이들은 왜 목숨을 끊었을까요? 지금부터 살펴보죠.

한국 빈곤지역개발정책과 국민기초생활보장제도의 변천사

1980년대 중반 서래마을과 서래마을 앞 반포 아파트 건설 모습("강남40년-영동에서 강남으로" 기획전 보도자료)

이제 빈곤 지역의 개발사업 변천 과정부터 살펴보도록 하겠습니다. 사진에 나오는 곳은 어느 지역일까요? 강남지역의 초창기 모습입니다. 사진의 하단에 보면 똑같은 집들이 있죠? 옛날 농촌에서 일제히 개량사업을 했던 흔적입니다. 지붕 형태가 다 똑같죠. 한편, 사진 위쪽을 보시면 이미 아파트들이 올라가고 있죠? 제3한강교가 흐르고……. 젊은 사람들은 제3한강교라고 하면 잘 모르죠? 오늘날의 한남대교입니다. 이 다리부터 먼저 생겼습니다. 그것이 강남개발의 원조입니다. 그러다가 강남지역을 가로지르는 대로가 건설되는데, 이 대로의 이름이 테헤란로입니다. 왜 이런 이름이 붙었을까요? 그 당시 이란이 우리한테 석유를 많이 줬거든요. 그래서 이게 테헤란로가 된 겁니다. 오일쇼크 났을 때, 그게 70년대 중반인데, 이란에서 석유를 싸게 공급해 주었기 때문에 이란의 수도 명칭인 테헤란을 가져다 붙인 겁니다.

그 다음에 보는 사진은 청계천 주변의 불량주택 모습입니다. 〈한겨레신문〉에서 2006년에 소개한 사진인데, 일본 사람이 60년대에 찍은 것입니다. 구체적으로 청계천 어디인지는 저도 잘 모르겠어요.

우리나라 불량주택의 시발은 멀리는 1910년대의 토지조사사업으로 거슬러 올라갑니다. 1910년부터 1918

청계천 그때를 아십니까
(한겨레 2006년 4월 12일 기사)

년까지, 일제는 한국의 식민지적 토지소유 관계를 공고히 하기 위하여 대규모의 토지조사사업을 시행하는데, 이때부터 집을 잃은 사람들이 불량주택에 살기 시작한 겁니다. 규모가 어느 정도 되는 불량주택단지의 형성은 1920년대에 이루어진 것으로 보입니다. 이때 이런 불량주택단지의 이름이 토막촌이었습니다. 토막촌이 도시에 많았죠. 농촌에서 도시로 올라오긴 했는데, 살 곳이 없으니까 이런 불량주택을 짓게 되고, 그게 모여 토막촌이 된 겁니다.

해방 이후에도 사정은 크게 달라지지 않았어요. 사람들이 지어놓으면 관에서는 무계획적으로 단속하고 철거하고, 다시 짓고 하는 악순환이 반복되었죠. 이런 무계획적 대응은 1960년대가 다 지나도록 계속됩니다. 그러다가 1970년대 중반이 되어서야 사정이 달라지게 되는데, 외국에서 차관을 많이 들여와 본격적으로 경제개발을 시작하면서 변화가 생기기 시작한 것입니다.

불량주택지에 대한 사업방식의 변화

유형	시기	특징
자력 재개발	1973~1975년	토지구획정리방식을 이용한 재개발 방식
차관 재개발	1975년 12월~1976년 12월 AID 차관 도입	지구수복형
위탁 재개발	1978년 이후	민간건설업체 참여
합동 재개발	1983년 이후	시장경제원리의 도입

자료 : 1984년 1월 24일 합동재개발사업 세부시행지침

1975년부터 1976년 사이에 AID(국제개발처) 차관을 도입하여 아파트 단지를 건설했는데, 이때 지은 AID 아파트가 차관으로 지어진 첫 아파트입니다. 지구 수복형이고. 1978년 이후에는 위탁 재개발을 합니다. 민간 건설업체들을 많이 챙겼죠. 왜 그랬느냐? 중동붐 때문에 그랬습니다. 그 다음에 1983년 이후에는 합동재개발이에요. 지금도 말은 합동재개발이라고

합니다. 대단위 단지를 만들어서 개발을 한 건데요, 시장경제 원리를 도입한 겁니다.

이 사진에 나오는 청년은 재개발과 관련하여 아주 유명해진 박흥숙이라는 사람입니다. 일명 무등산 타잔이라고도 불렸죠. 1977년 4월에 광주 무등산 계곡 무허가 건물의 철거 과정에서 살인 사건이 발생했습니다. 속칭 덕산골이란 곳에서 광주시 동구청 철거반원들이 집을 헐기 시작했는데, 거기서 살던 박흥숙씨 (당시 22세)와 큰 싸움이 났습니다. 그런데 철거반원 가운데 무려 네 명이나 그로부터 살해되었습니다. 살인

'무등산 타잔' 박흥숙
(한국일보 2016년 3월 6일 기사)

행위는 결코 용납될 수 없지만, 이 사건은 무리한 철거 집행으로 삶의 터전을 잃어버린 빈민이 극단적으로 저항하다 발생한 참극이었습니다. 하지만 당시 언론은 비참하게 내쫓긴 철거민의 실상은 감추고 살인사건만 강조했습니다. 심지어 용공 혐의까지 덮어 씌웠습니다. 그는 살인 혐의로 사형 판결을 받고 광주교도소에서 3년 동안 수감되다 1980년 12월 24일 형장의 이슬로 사라졌습니다. 이 사건은 2005년에 영화 〈무등산 타잔, 박흥

숙)으로 만들어지기도 했습니다. 박흥숙 사건은 유신정권 말기의 도시빈민 주거 문제와 무분별한 도시 재개발 정책, 관료들의 전시 행정 등이 초래한 시대의 비극이라 할 수 있습니다.

다음으로, 생활보장제도의 변천사를 조금 이야기하겠습니다.

우리나라의 생활보호법은 일제시대 때에는 조선구호령으로 불렸습니다. 그 후 1961년에 생활보호법이 만들어졌습니다. 하지만 시행은 한참 뒤에나 시작됩니다. 법은 만들어졌는데 시행령이 만들어지지 않아 실제 집행은 안 된 겁니다. 시행령은 1969년에 비로소 만들어지고, 더 구체적인 시행규칙은 1984년에야 만들어집니다. 그 전에는 얼렁뚱땅으로 한 것이고, 규칙에 의해서 한 것이 아니라는 얘기입니다. 막걸리 사다 주면 동사무소 직원이 수급자로 지정해 주기도 하고, 뭐 그런 식이었죠.

이런 식으로 하다가 전두환 대통령 때 네 가지 국정지표 가운데 하나로 '복지사회 구현'이 들어가게 됩니다. 대통령이 정통성이 없기 때문에 복지 쪽을 많이 하겠다고 나선 겁니다. 가난한 사람들 표가 적지 않기 때문이죠. 아무튼, 전두환 대통령은 나름대로 인정을 받으려고 복지에 상당히 많이 노력을 기울였습니다.

이어서 사회복지 전담 공무원이 체계적으로 뽑히기 시작한 것이 1987년, 노태우 정부 때였습니다. 1987년에 45명을 사회복지 전담 공무원으로 처음 시험을 치러 선발했습니다. 그리고 1991년인가요, 노태우 정부 마지막 해에 비로소 사회복지 공무원 1,000명의 시대가 도래했죠. 이때는 생활보호법 시대입니다.

그 다음에 나오는 것이 국민기초생활보장법 초기 시대입니다. 이 법은 1999년에 만들어지고 공포되었는데, 이듬해에 시행령과 시행규칙이 만들어졌기 때문에 결국 2000년부터 실제로 시행이 됩니다. 김대중 대통령 때의 일입니다. 저는 김대중 대통령이 해놓은 업적 중에 두 가지를 치적으로 꼽는데, 하나는 남북 통일의 물꼬를 텄던 것이고, 다른 하나는 생활보호법을 이 기초생활보장법으로 바꾼 것입니다.

그렇다면 생활보호법과 기초생활보장법의 차이가 뭘까요? 참고로 일본은 아직도 생활보호법입니다. 아까 제가 생활보호법(영국의 빈민법)에는, 가난한 사람을 국가가 도와주려고 할 때 최저임금보다는 적은 금액만을 부조해야 한다는 원칙이 있다고 말씀드렸는데, 기억하시죠? 노동할 능력이 있는 사람은 도와주어서는 안 된다는 것입니다. 멀쩡한 사람을 왜 국가가 도와주느냐 하는 것이죠. 맞는 이야기입니까, 틀린 이야기입니까?

요즘은 멀쩡한 사람도 가난한 사람 많습니다. 또 일을 해도 여전히 가난한 사람이 많습니다. 이걸 영어로는 워킹 푸어(working poor)라고 하죠.

그럼 국가는 가난한 사람들을 어디까지 도와야 할까요? 옛날 동양에서는 환과고독(鰥寡孤獨), 이걸 국가가 다 도와줬습니다. 환은 홀애비, 과는 과부, 고는 고아, 독은 자식없는 노인입니다. 이 네 부류의 사람들을 임금이 다 도와줬어요.

그런데 서양에서는 1601년에야 빈민법이 만들어집니다. 이 법에 따라 노동 능력이 없는 사람만 국가가 도와줬어요. 노동 능력이 있으면 노동을 해서 먹고 살든가, 노예로 일을 해서 먹고 살아라, 그렇게 했다는 것이죠. 이게 오랫동안 내려온 전통이라면 전통입니다. 일본은 아직도 그렇게 하고 있죠. 노동 능력이 없는 노인이나 아이들이나 장애인은 물론 국가가 도와줍니다.

이에 반하여 기초생활보장법은 노동 능력의 유무를 따지지 않고 가난하면 도와준다는 겁니다. 이처럼 국가 책임과 인권을 강조하는 현대적 복지 시책은 서양 선진국들에서는 이미 제2차 세계대전 이후에 시행되기 시작하였습니다. 우리나라는 한참 늦은 셈인데, 그래도 일본이 여전히 하지 못한 일을 진행시킨 겁니다.

노동 능력이 있어도 가난하면 도와준다는 것이 기초생활보장법의 원칙인데, 물론 도와줄 때 풍족하게 도와주는 것은 아닙니다. 기초생활, 즉 아까 나왔던 basic need를 충족시킬 정도로만 국가가 도와주어야 한다는 것입니다. 우리나라 헌법에도 그렇게 되어 있지요. 하지만 헌법에 명시되어 있더라도, 실질적으로 법률에 가면 그것이 잘 이루어지지 않는 경우가 많습니다. 예를 하나 들어보죠.

여기 대학원 나온 친구가 한 명 있다고 칩시다. 이 친구 아버지는 중소기업 사장이고 돈도 많습니다. 하지만 대학원까지 나온 이 청년은 아버지에게 차마 손을 벌릴 수가 없습니다. 그래서 집세를 비롯한 일체의 생활비를 스스로 해결합니다. 그러다가 힘이 부치자 국가에 "나는 가난하니까 돈 좀 주세요" 하고 부조 신청을 합니다. 정부가 돈을 줄까요 안 줄까요?

유럽의 국가들이라면 이 청년에게 기꺼이 부조를 해줄 겁니다. 아버지의 재산 유무는 따지지도 않습니다. 청년 자신의 말만 거짓이 아니라면 기꺼이 원조를 해줍니다.

반면에 우리나라에는 부양의무자라는 게 있습니다. 옛날에는 이게 사촌까지 그 범위가 넓었습니다. 사촌이 부자면 내가 밥을 굶을 지경이더라도 원조를 받을 수 없었습니다.

지금은 부양의무자의 범위가 차차 줄어들어서 1촌 간의 관계만 봅니다. 부모 자식 사이만 본다는 얘기죠. 그 안에서만 부양을 책임지라는 겁니다. 다시 앞의 사례로 가볼까요? 대학원을 나온 그 청년은 아버지가 부자이기 때문에 여전히 국가의 부조를 받을 수가 없습니다.

그런데 원칙적으로 이건 잘못된 겁니다. 서양의 선진국들은 이렇게 하지 않습니다. 아버지가 부자건 말건 나하고는 아무 관계가 없어요. 내가 가난하면 신청하고 받는 거에요.

여기에 대한 반론도 물론 있을 수 있습니다. 쉽게 생각해서 "그 아버지가 부자면 아들을 직접 부양하면 되지, 왜 국가에 손을 벌리느냐?"하는 겁니다. 부잣집 아들까지 국가가 기초생활을 책임져야 하느냐는 겁니다. 그런데 이런 반론은 놓치고 있는 것이 하나 있습니다. 부자인 아버지는 이미 세금을 성실히 내고 있다는 사실입니다. 이 세금은 가난한 모든 사람들에게 재분배가 되죠. 이렇게 국가적 차원의 재분배에 동참하고 있는 이상, 그 아들의 기초생활까지 아버지가 개인적으로 책임지게 해서는 안 된다는 겁니다. 그건 세금을 거두고 사용하는 국가의 책임이라는 겁니다. 국가의 역할이 거기에 있다는 것이고, 자기 가족만 챙기게 하는 것은 오히려 아주 후진적인 방식이라는 겁니다. 이웃을 생각하지 않는 방식인 거죠.

그래서 외국에서는 낯선 자(stranger)를 도와주기 위해서 뭘 해야 하느냐, 아버지가 세금을 많이 내는 것이죠. 그것을 자기 아들이 받을 수도 있고 남의 아들이 받을 수도 있을 텐데, 이게 근대국가라는 거지요. 우리도 그런 쪽으로 자꾸 생각을 바꾸어야 합니다.

우리나라의 국민기초생활보장법은 아직까지 부양의무자 조항이나 소득인정과 같은 독소조항이 있지만, 기본적인 것은 노동 능력이 있어도 본인이 신청을 하면 국가가 가난하다는 것을 확인하고 그 사람들에게 부조를 해주는 겁니다. 반면에 생활보호법은 노동 능력이 없다는 것을 보여주어야 합니다. 노동 능력이 있는 사람은 아무리 가난해도 못받는 거죠. 그래서 일본은 복지 쪽에서는 아직도 선진국이라고 인정을 받지 못합니다.

저는 1994년에 참여연대 사회복지위원회를 만들어서 초대위원장을 3년 했습니다. 그러면서 국민생활 최저선 운동을 처음으로 시작했죠. 여기 등장하는 "국민생활 최저선"이란 1942년 영국에서 발표된 비버리지 보고서에 처음 등장하는 "national minimum" 개념을 차용한 것입니다. 국민의 최소한의 생활은 국가가 보장해주어야 한다는 거죠. 이를 받아들여서 우리나라도 한번 운용을 해보자, 해서 시작한 게 국민생활 최저선 운동입니다. 1994년 9월에 참여연대를 처음 만들었고, 12월에 이 운동을 시작했어요.

운동을 시작하면서 관악구에 사시던 할아버지 할머니 두 분을 내세워서 국가에 위헌소원을 냈어요. "나는 가난한데 국가는 왜 안 도와주느냐? 돈을 달라!"라는 소송을 낸 거죠. 헌법에 국가의 책임이 명시되어 있는데 왜 안 도와주느냐는 겁니다. 그러는 과정에 그 중 한 분이 먼저 돌아가셨어요. 그 이후 결국 연금에 관해서는 우리가 이겼어요. 국가가 책임을 지고 연금을 주어야 한다는 판경을 이끌어낸 겁니다.

이와 유사하게 일본에서도 1960년에 아사히 소송이라는 유명한 소송이 있었습니다. 하지만 결국 "국가의 예산 범위 내에서 해야 한다"는 식으로 결론이 나와버렸죠. 그런데 우리나라에서 훨씬 진일보한 결론이 나온 겁니다. 그러자 일본에서 난리가 났어요.

"어떻게 한국이 생활보호법 대신 노동 능력 있는 사람에게까지 복지를 제공하는 기초생활보장제도를 만들어 낼 수 있느냐? 우리가 못한 걸 너희는 어떻게 했느냐?"

그래서 제가 그때 일본에 엄청 많이 불려갔어요. 가서 그 과정이 어떻게 된 건지 소개하고, 변화된 구체적인 내용에 관한 것도 이야기해 주고 그랬습니다.

사실 제 입장에선 IMF도 조금 도움이 되었습니다. 무슨 얘기인고 하니, IMF는 한국에 돈을 빌려주면서 그 돈의 15퍼센트는 사회안전망을 구축하는 데 쓰라고 요구했어요. 꼬리표가 하나 붙은 겁니다. 나라에서도 그 15퍼센트를 가지고 뭘 하면 좋을지 고민하다가, 참여연대가 지속적으로 국민기초생활(national minimum) 운동을 전개하니까 귀를 기울이지 않을 수 없었던 것이죠.

처음에 우리는 '국민생활 최저선 운동'이라고 했다가 나중에는 이 명칭을 '국민복지 기본선 운동'으로 살짝 바꿨습니다. 그렇게 하면서 기초생활보장으로 넘어갔죠. 물론 약하지만, 복지권 정신만은 찾았지요.

그 사이에 보호라는 말 대신 보장이라는 말을 사용하게 되었는데, 이는 복지의 국가 책임을 명확히 한 것입니다. 또 수급자를 수급권자로 바꾸는 운동도 전개했는데, 이는 복지의 수급을 국민의 당연한 권리로 인정해주자는 것이어서 상당히 획기적인 겁니다.

이런 과정을 거쳐 지금은 노동 능력이 있는 워킹 푸어(working poor)도 수급권자로 인정을 받을 수 있게 된 겁니다. 그리고 급여도 다양하게 생계, 주거, 의료, 교육 등으로 확대했습니다.

그 다음에는 부양의무자의 범위를 줄였습니다. 당시만 해도 아직 절대적 빈곤 개념이 강해서 최저생계비의 관점으로만 논의가 진행되었는데, 이 와중에 2007년 이후에는 부양의무자 등에 대한 관리 강화 조치가 시행되어 보장강화가 더욱 어려워졌습니다. 우리는 이를 역으로 이용해 관리는 강화하되 부양의무자의 범위를 줄이자는 주장을 폈고, 결과적으로 부양의무자의 범위가 좁혀졌습니다. 당시에도 많은 사람들이 아예 부양의무자를 없애라고 했는데, 아쉽게도 아직까지 없앴지는 못했습니다. 다행히 문재인 정부가 들어서서 단계적으로 부양의무자 제도를 폐지하기로 했습니다. 보장강화를 가로막는 결정적인 요소가 부양의무자라는 개념입니다.

그 다음에 국민기초생활보장법을 전면 개정했습니다. 국민기초생활법이 먼저 개정되고, 시행령은 2015년 4월 20일에 개정됩니다. 주요내용은 아래 표에 있습니다.

중위소득을 반영한 상대적 빈곤개념을 도입했고요, 차상위계층 기준을 중위소득의 50퍼센트 미만으로 정했습니다. 소득인정액 산정에 필요한 사항을 시행규칙에서 시행령으로 조정하고요, 부양의무자 소득기준을 완화시키기도 했지요.

현행			개편 후	
선정기준	최대 급여기준(내용)		선정기준	최저보장기준
최저생계비	최저생계비의 80%수준 현금급여 (현물급여 등 제외)	생계	중위소득 28%*	중위소득 28%
		주거	중위소득 28%	지역별 기준임대료
	필수의료서비스의 낮은 본인부담률 (현물급여)	의료	중위소득 40%	현행과 동일
	수업료, 교과서대 등 (현물급여)	교육	중위소득 50%	현행과 동일

* 생계급여는 기초법 부칙 제 5조에 따라 '17년까지 중위 30%로 단계적 인상키로 함.

교육급여는 부양의무자 기준이 폐지되었는데요, 표를 보시면 바뀐 부분을 알 수 있습니다. 그때까지 최저생계비를 기준으로 대상을 선정하던 것을 중위소득 50퍼센트를 기준으로 선정하도록 바꾼 게 보일 겁니다.

표의 오른쪽에 있는 비율은 항상 바뀝니다. 선정기준은, 예전에는 최저생계비라는 절대 빈곤의 기준을 가지고 최저생계비의 80퍼센트 정도의 수준에는 현물급여를 주었죠. 현물급여에는 본인부담률을 낮춘 의료급여라는 게 있었죠. 여러분, 차상위계층이라는 말 들어보셨습니까? 그것은 100퍼센트 최저생계비가 안 되는 사람들은 최저생계비를 주고, 그 위에 있는 사람들, 그러니까 빈곤선 120퍼센트까지가 차상위고 150퍼센트까지를 차차상위라고 부르고 있었습니다. 그런데 요즘에는 그렇게 부를 수가 없게 되어 있습니다. 왜 그럴까요? 전에는 생계, 주거, 의료, 교육 급여를 다 줬거든요. 기본적으로 다 줬어요. 최저생계비의 100퍼센트 정도가 되면 이 네 가지를 다 받아요. 120%가 되는 사람은 의료만 받았어요. 나머지는 최저생계비 속에 다 합해져 있었어요. 그러니까 거기에 딱 걸리는 사람은 모든 수급을 받았어요. 수급자가 되면 자동차 세금을 엄청 많이 감면해주기도 하죠. 그러니까 소위 부정수급자가 생기기도 했어요.

하지만 부정수급자는 전체적으로 해도 2퍼센트 정도밖에 안 됐습니다. 그런데 그 2퍼센트를 잡겠다고 신문에 크게 내고 말이죠...... 인간적으로 우리가 볼 때는요, 5퍼센트를 잡으러 다니는 것보다는 나머지 95퍼센트를 생각하면서 정책을 펴는 게 낫지요. 가난한 사람 가져가봐야 돈을 얼마나 가져가겠어요? 큰 다리 하나 짓는 것보다도 돈이 적어요. 그런 건 관리 안하고 부정수급자 잡는다고 신문에 크게 내고 말이죠...... 2퍼센트를 가지고 희생양으로 삼은 거죠. 마치 큰 난리 난 것처럼. 옛날에 시골에 까치밥을 남겨 놓잖아요. 까치밥이 한 2퍼센트 될 것 아니에요? 그걸 문제라고 보니 기가 찰 일이죠.

그러면 기초생활보장의 전면적 개편 후 개별급여를 준다는 말은 뭘까요? 이전에는 통째로 줬잖아요. 그걸 바꿔서 이제는 생계급여는 보건복지부에서 주고, 주거급여는 국토건설부에서 주고, 의료급여는 보건복지부에서 주고, 교육급여는 교육부 예산에서 지급한다는 겁니다. 그런데 받는 사람의 입장에서는 동사무소에 가서 받아야 되니까, 결국은 그쪽에서 급여를 받기 때문에, 대상자로서는 급여별 대상자가 되는 적격 여부에 따라 전체 급여액이 달라질 수밖에 없죠. 대부분의 국가들은 대도시 평균가계소득이나 중위소득을 기준으로 빈곤선을 잡습니다. 생계는 선정기준을 기준 중위소득 28퍼센트 미만 대상자에게 주는 거예요. 주거는 기준 중위소득의 43퍼센트인데, 지역별로 임대료가 다를 것 아닙니까? 그렇지만 대상자는 기준 중위소득의 43퍼센트 미만에게만 신청을 하면 줍니다. 기존의 수급권자는 다 안 해도 이 안에 다 들어갑니다. 기준 중위소득의 28퍼센트가 지금 받고 있는 사람보다는 약 21만 명이 더 위로 올라갔어요. 120퍼센트의 차상위계층에 있는 사람 일부가 여기에 들어왔는데요, 이번에는 그걸 또 대문짝만하게 신문에 선전해 놓았어요. 그게 얼마 정도나 되나 했더니, 27만 명인가 그래요. 그런데 이 사람들에게 모든 급여를 다 주는 게 아니고, 생계급여만 준다는 거예요. 의료는 기준 중위소득의 40퍼센트로 잡았어요. 교육은 기준 중위소득의 50퍼센트까지 주는 것으로. 대상자가 많이 늘어나게 되는데요, 교육급여는 누가 해당이 되겠습니까? 이미 중학교까지는 의무교육이고, 고등학교 중에서도 기술 교육은 국가에서 다 대주거든요. 여기에서 대상이 되는 사람들은 인문계, 자사고, 과학고 이런 학생들 중에서 중위

소득의 50퍼센트가 안 되는 아이들에게 교육급여를 주겠다는 거예요. 이것
은 생색을 내더라도 실질적으로 그 대상자 수가 얼마 안 되죠.

맺음말

이제 맺음말로 갑니다.

제가 드리고 싶은 말씀 가운데 가장 중요한 것은 빈곤이나 복지의 문
제는 결코 자선이나 동정이 아니라 인권의 문제라는 것입니다.

빈곤에 대한 우리의 인식에서 제일 큰 문제는 무관심입니다. 저는 그래
서 "관심의 빈곤이 실질적인 빈곤"이라고 말하곤 하죠. 이 뿐만이 아닙니
다. 실제로 빈곤의 다차원성에 대한 인식을 가져야 하며, 사회배제의 개념
을 활용해야 합니다. 국가 개입의 확대는 너무나 당연히 필요하고요.

빈곤 정책의 핵심 과제는 촘촘하고 안정적인 사회안전망을 짜는 것임
을 늘 염두에 둬야 합니다. 근로 능력이 없는 빈곤층에 대한 대책도 세워
야 하고, 수급자의 근로 활동과 탈수급을 촉진하기 위한 제도 개선도 필요
하고요.

제일 중요한 것은 분배구조를 바꿔야 한다는 것입니다. 우리나라에서
현재 제일 큰 문제가 양극화 아닙니까? 중산층이 지금 점점 줄어들고 있
잖아요. 제일 좋은 게 마름모꼴, 혹은 항아리꼴이죠. IMF사태 나기 직전인
1997년까지만 하더라도 우리나라 사람들에게 "당신은 중산층인가 가난한

가"를 물어보면 80퍼센트가 중산층이라고 대답했어요. 지금은 중산층이라고 이야기하는 사람이 얼마인 줄 아십니까? 2013년에 사회복지연구소에서 조사를 했더니, 자기가 중산층이라고 대답한 사람이 43퍼센트, 절반도 안 되는 겁니다. 부자라고 이야기 하는 사람은 20퍼센트밖에 안 돼요. 나머지 삼십 몇 퍼센트는 가난하다고 이야기를 하고요. 의식도 벌써 그렇게 되었어요.

빈곤에 대해 우리가 경제학적인 관점에서만 보더라도 분배구조를 어떻게 바꾸느냐가 중요합니다. 사회복지는 2차 분배입니다. 재분배지요. 1차 분배는 기본적인 소득을 통한 분배입니다. 소득에는 기본적으로 근로소득이나 사업소득이 있죠. 그 다음으로 금융소득이나 재산소득 등이 있는데, 이런 소득은 사실 다 불로소득 아닙니까? 앞의 두 가지는 노동을 하면서 나오는 거죠. 불로소득에는 당연히 굉장한 정도의 세금 부과를 해야죠.

그런데 지금 우리나라의 세금구조는 이와는 한참 동떨어져 있습니다. 모든 소득을 합산해서 거두려면 얼마든지 거둘 수 있는데 그러지 않습니다. 게다가 빠져나갈 구멍도 많아요. 우리나라는 어떻게 된 게, 첫 돌도 안 지난 애가 5만원이나 10만원짜리 주식을 5천주씩 들고 있고 말이죠, 애가 주식을 압니까? 그런 건 세금 거둬야 하지 않겠어요? 그건 증여죠. 이래서는 안 됩니다.

가난이라는 것은 꼭 소득만 가지고 따지는 것은 아니지만, 거기에서 사람들이 위축감과 차별감을 갖게 되죠. 빈곤은 타인과의 관계에도 악영향을 미치는 겁니다. 지금 우리 사회가 이래서는 안 됩니다. 인간의 생존에 대한 것은 기본적으로 제공되어야 관계성도 잘 이루어지게 되는 거죠. 관계성까지 생각해야 배제의 개념도 나오고 박탈의 개념도 나오죠.

이제 강연을 마치고 서너 분 질문을 받아보기로 하겠습니다. 감사합니다.

Q&A
질의응답시간

Q: 우리나라의 경우 도시와 농촌의 복지 혜택에 차이가 있나요?

A: 큰 차이는 안 나고요, 농촌의 경우 가장 큰 문제는 노인문제죠. 농촌에서는 지금 70대도 청년이죠. 그 정도로 노인문제를 심각하게 보아야 되고요. 빈곤의 문제도 노인빈곤의 문제가 우리나라에서 현재 제일 심각합니다. 그러니 노인의 자살률이 높죠.

우리나라의 농촌은 이미 초고령 사회가 되어버렸어요. 전체 인구 중에서 65세 이상이 차지하는 비율이 7퍼센트가 되면 고령화사회고, 14퍼센트까지는 고령사회라고 합니다. 20퍼센트가 넘으면 초고령사회가 되죠. 일본은 이미 전국적으로 26퍼센트 수준입니다. 초고령사회죠. 우리나라의 농촌은 평균 30퍼센트 정도 돼요. 열 명 가운데 세 명이 이미 65세를 넘긴 거죠. 전라도에서는 65세 이상 노인이 45퍼센트까지 차지하는 군(郡)이 있어요.

김대중 대통령 시절, 저는 농업특별위원회 전문위원회 위원장을 한 적이 있습니다. 마지막 10개월 정도 남겨놓았을 때, 농촌문제를 어떻게 했으면 좋겠느냐는 대통령의 질문에 대한 답변으로 노인문제와 우루과이 라운드 피해 문제의 두 가지를 준비했어요. 김대통령이 갖고 있던 농어촌 정책의 80퍼센트는 사실 노인문제 관련 정책이었어요. 1시간 20분 정도 대통령과 독대하여 얘기를 나눴습니다.

그 후 15년 정도가 지난 오늘날, 노인문제 가운데 가장 빨리 해결해야 할 문제는 노인자살 문제입니다. 노인 전체적인 자살률, 노인층에 있는 사람 중 자살하는 사람의 숫자가 10퍼센트 정도예요. 열 명 중 한 명이 조금 넘습니다. 굉장히 큰 문제입니다. 이렇게 해서 우리나라가 어떻게 국가라고 할 수 있겠는가, 이게 저는 아주 심각한 문제라고 생각해요.

자살에 대한 연구도 꽤 많이 했어요. 가장 큰 문제가 우리나라의 체면 문화라는 겁니다. 노인분들이 자식에게 짐이 되는 일은 절대 안 하겠다는 생각으로 자살을 택한다는 겁니다.

여러분, 우루과이 라운드 한다고 김영삼 정부 때 농촌에 돈을 엄청 많이 풀었는데, 그 돈들이 다 어떻게 됐는지 아십니까? 농촌의 부모한테 주니까 반만 자기가 가지고 나머지 반은 도시의 자식에게 주었습니다. 항상 농촌에 현금을 주면 상당한 부분은 도시로 다시 흘러갑니다. 본래의 목적된 부분에 쓰지를 않아요. 반면에 빚은 결코 갚지 못하게 되고 결국 자살로 가게 되는 겁니다.

노인자살 문제는 가족주의의 약화와도 연관이 있습니다. 지금은 가족주의가 상당히 약해졌지요. 예전엔 따로 노후 걱정을 하지 않고 자녀에게 기댄 시절이 있었는데, 지금은 자녀들의 경우 자기 살기가 바빠 부양 의무감이 상당히 떨어졌습니다. 그런 결과 가운데 하나가 노인자살이죠.

Q: 최근 회자되는 기본소득 이슈는 실현이 가능한지요?

A: 생활임금은 많은 도시에서 하고 있고, 서울시도 일부 생활임금의 개념으로 시행하고 있는 것이 있습니다. 물론 기본소득은 생활임금과는 다른 개념이죠. 생활임금은 임금 소득자의 실질적 생활이 가능하도록 법정 최저임금 이상의 임금을 지급하도록 법적으로 규정한 제도로, 최저임금을 넘어서는 개념입니다. 즉, 임금 소득자들의 주거비, 교육비, 문화비 등을 종합적으로 고려해 최소한의 인간다운 삶을 유지할 수 있으며, 생계를 실질적으로 보장하려는 정책적 대안으로 1994년 미국 볼티모어 시에서 관련 조례가 제정되면서 처음 시작된 것입니다.

이 생활임금과 기본소득의 개념은 완전히 다릅니다. 기본소득은 재산의 많고 적음이나 노동 여부에 관계없이 모든 사회 구성원에게 생활을 충분히 보장하는 수준의 소득을 무조건적으로 지급하는 것을 말하는데, 개별성, 무조건성, 보편성 등을 특징으로 합니다. 한 사회의 가치의 총합은 구성원들이 함께 누려야 한다는 정신을 토대로 하고 있는데, 토머스 모어의 소설《유토피아》에서 처음 등장하였습니다.

기본소득의 재원은 세계적으로 투기 소득에 대한 중과세, 소득세의 최고세율 인상, 법인세 인상, 토지세, 다국적 기업 공조 과세 등으로 마련하는 방안이 검토되고 있습니다. 따라서 기본소득은 모든 가정에 다 똑같이 주는 거에요. 부자한테도 주고요. 나머지는 세금에 의해서 조절을 하자는 거죠. 이론상으로는 좋죠. 이것을 국민들이 동의를 하겠느냐 하는 것이 숙

제죠. 그것이 힘드니까 나온 개념이 선진국에서 하는 생활임금이라는 것입니다.

Q: 주변의 사람들을 만나 보편적 복지 이야기를 했을 때, 반대쪽 논리에 대응할 수 있는 것이 있을까요? "사람을 게으르게 한다, 그리스를 봐라, 복지를 하니 망하지 않느냐?"라고 했을 때, 어떤 식으로 대항을 할 수 있을까요? "예산이 없다, 봐라!"이런 이야기도 하는데요.

A: 예산은 만들면 되죠. 세금을 거두면 됩니다. 우리나라의 최근 복지 지출은 GDP의 10퍼센트 정도 되는데요, 우리가 가입되어 있는 OECD 국가 평균 수준은 20퍼센트 정도 됩니다. 서유럽 복지국가라고 하는 나라들은 대부분 30퍼센트 전후 수준입니다. 그러니 우리도 OECD의 평균인 GDP의 20퍼센트 이상은 써야합니다. 그래야 복지를 좀 한다고 할 수 있겠죠.

그리고 보편적 복지와 선별적 복지에는 장단점이 있습니다. 대부분의 사람들은 보편적 복지로 가려고 하죠. 하지만 예산에 한계가 있어요. 어쩔수 없이 복지국가라는 나라들조차 정책 프로그램에 따라 선별적으로 쓰는 것들도 많이 있습니다.

보편적 복지는 소득수준 등의 조건이나 자격에 상관없이 모든 국민에게 복지를 제공하는 것을 말합니다. 모든 사람들에게 복지를 제공해야 하기 때문에 보편적 복지는 형평성이 높습니다. 그리고 사전에 복지급여를 제공받을 수 있다는 측면에서 빈곤이나 불평등 예방의 차원을 담보하고 있으며, 선정해서 복지를 받는 것이 아니기 때문에 빈민들만이 수혜자가 된다는 등의 낙인을 찍지 않는 장점이 있습니다. 그러나 비용이 많이 들고, 정책 집행의 효율성이 낮은 단점도 갖고 있습니다. 이러한 보편적 복지의 예로는 사회보험제도, 부모 소득과는 별개로 전체 학생들에게 제공되는 무상급식, 만 3~5세 모든 유아들에게 학비와 보육료를 지원하는 '3~5세 누리과정' 등을 들 수 있습니다.

반면에, 선별적 복지는 복지가 필요한 사람들 가운데 소득수준 등의 조건이나 자격 기준에 맞는 특정 부류의 사람에게만 복지를 제공하는 것을 말합니다. 선별적 복지는 형평성은 낮으나 효율성이 높고 비용이 적게 든다는 장점이 있습니다. 예산이 한정적일 때 선별적 복지를 활용하는 것은 당연합니다. 복지국가에서도 선별적 복지 프로그램을 꽤 많이 사용합니다. 선별적 복지의 예로는 기초생활수급대상자(저소득층, 고령자 등)를 위한 공공부조제도, 긴급구호 등이 있습니다.

그런데, 여기서 우리가 분명히 알아야 할 점이 하나 있습니다. 모든 국민들이 다 받아야 보편적인 것은 아닙니다. 보편적 복지나 선별적 복지라는 것은 정책 프로그램을 정할 때 대상이 되는 기준을 소득 기준에 관계없이 모두 준다고 하는 것은 보편적이고, 소득 기준에 따라서 부자들에게는 안 줄 때는 선별적인 겁니다. 그것을 정확하게 아셔야 됩니다.

일반적으로 유럽의 전통적인 복지국가들은 보편적 복지를 더 많이 발전시켜 왔습니다. 전통적으로 복지국가는 네 가지 조건을 갖추어야 합니다.

먼저 복지국가(welfare state)라는 용어는 제2차 세계대전 중 잉글랜드 성공회 신학자인 윌리엄 템플 캔터베리 대주교가 처음 사용한 개념입니다. 1941년에 전쟁을 도발한 나치스의 전쟁국가(warfare state)에 대항하기 위해 사용한 것입니다. 이처럼 복지국가는 첫 번째 요소가 평화입니다. 전쟁을 하는 나라는 복지국가라고 할 수 없습니다.

두 번째로 정치적으로 민주화가 되어 있어야 합니다.

세 번째로 경제적으로는 자본주의입니다. 수정자본주의, 사회주의가 아니고 수정자본주의 혼합경제체제입니다. 그 말은 자본주의를 바탕으로 하면서도 사회주의를 많이 가미한다는 의미입니다. 그래서 그게 사민주의 쪽으로 된 것이죠.

네 번째는 복지에 대해 국가가 책임을 지는 부분이 많이 있어야 합니다. 그러면 그것을 무엇으로 판단할 수 있을까요? 가장 쉬운 방법이 복지예산을 얼마나 쓰느냐를 보면 알 수 있습니다. 우리가 흔히 복지국가라고 하면 적어도 GDP의 한 20퍼센트 정도는 써야 한다고 이야기를 합니다. OECD 국가들을 보면 평균적으로 한 22퍼센트 정도 쓰더라는 겁니다. OECD가 그래도 경제적으로 괜찮은 국가들 아닙니까?

앞의 강연 모두에서 인간이 기본적으로 가지고 있는 사회문제에 두 가지가 있다고 했던 걸 기억하시나요? 네, 빈곤과 질병이라고 그랬죠. 빈곤을 해소시켜 주는게 소득보장입니다. 계속 소득이 들어오게 되면 삶은 유지가 되지요.

빈곤은 소득보장이 되면 자연히 해소됩니다. 소득보장과 함께 중요한 게 뭘까요? 소득을 높이려면 뭐가 필요할까요? 우리나라 사람들이 지독하게 자녀들을 대학에 보내는 이유가 뭡니까? 교육만큼 가난에서 벗어나게 하는 도구는 없습니다. 그래서 오바마가 한국의 부모들, 과잉이고 뭐고 간에, 저 정신을 배우라고 하는 거죠. 왜 그러냐? 교육만큼 가난에서 벗어날 수 있는 좋은 수단이 없기 때문입니다.

또 소득을 높이는 게 고용이죠. 빈곤을 없애려면 소득보장이 기본으로 되어야 하고 그것을 위해서 교육보장이 되어야 하죠. 그래서 점점 중등교육까지는 국가가 보장하는 게 기본이며, 심지어 복지국가들은 대학원 박사과정까지도 그렇게 하려고 하는 거죠. 그 돈은 세금에서 나오는 거죠. 임금을 정할 때 두 가지 큰 변수가 있죠. 하나는 가방끈이고 하나는 경력이죠. 이 두 가지를 가지고 임금을 정해요. 우리나라는 교육은 높고 경력은 별로 쳐주지 않아요. 외국에서는 중학교까지만 졸업하고 그 다음부터는 대학교육까지 가는 사람은 소비만 하잖아요. 중학교 졸업하고 나서 일터에 나가면 수입을 얻잖아요. 하나는 쓰는 대신에 하나는 돈을 벌거든요. 스킬이 완숙해지잖아요. 이런 것까지 다 변수로 보면서 임금 수준을 결정해요. 그러다 보니 공부도 하기 싫은데 어느 정도 수입만 되면 중학교만 가는 거죠. 대학교 굳이 안 가죠. 대학에는 공부에 관심이 있는 사람들만 가는 거에요. 선진국의 경우 대개 파이프 공사하는 사람이 받는 게 대학교 공대 나온 사람들의 80퍼센트는 받아요. 이런 식으로 일에 대한 기능에 따라 임금 체계를 구성해야 하는데, 우리는 아직 안 되어 있어요. 이게 아직 근대화가 덜 되었다는 것입니다. 합리성이 바탕이 안 되어 있다는 의미에요. 소득보장, 교육보장, 고용보장 등 세 가지는 빈곤을 해결하는 데 필수적이죠.

질병에 대해서는 건강보장을 해주면 되죠. 요즘은 예방하는 것이 훨씬 돈이 적게 들어요. 그래서 예방으로 나가는 건데요, 건강해지게 하기 위해서 반드시 필요한 게 있어요. 하나가 주거입니다. 그 다음 하나는 점점 인간의 관계성에서 나오는 건강이 필요해져요. 맨날 나오는 인간관계 스트레스, 가족구성원의 돌봄문제 등, 이런 것들 때문에 필요한 것이 서비스보장이에요. 복지서비스의 필요는 인간관계의 문제를 해소하자는 의도로 나오는 것입니다. 서비스의 맨 처음이 돌봄에서 나와요. 옛날에는 일반적으로 대가족 등 혈연관계 내에서 돌봄을 다 해주었죠. 이제는 단순한 돌봄이 아니라 서비스로 가는 거에요. 돌봄의 사회화가 서비스로 변화된 거죠. 그런데 선진국들은 공공부조나 사회보장에 들어가는 비용이 아직은 서비스 비용보다는 많지만 점차 서비스 예산이 소득보장 예산보다 증가 속도가 더 빨리 가고 있어요. 그리고 이러한 건강과 주거는 상품화할수록 부가가치를 올릴 수 있는 거예요. 우선 당장 죽어가는데 돈이 얼마가 들어도 살리고 싶은 게 인지상정 아니겠어요? 아무리 돈이 있어도 생명보다는 덜 귀할 것 아니에요? 이러한 의료, 주거, 복지 서비스가 바로 상품화가 되면 돈이 엄청나게 들어가요. 그래서 의료 관련 전문가의 경우 복지국가에서는 국가공무원으로 한 거예요. 우리나라도 의료분야의 경우 형식적으로나

마 비영리 법인이라던가, 비영리로 만들어 놓았어요. 영리는 얼마든지 자기 돈을 넣었다가 빼갈 수가 있지만, 비영리 법인은 그 목적 사업 내에서만 써야 합니다. 그래서 영리법인으로 만드는 것에 대해 기를 쓰고 반대하는 이유가 거기에 있는 거에요. 돈 많은 사람들이 와서 의사 고용해서 영리법인 만들어 버리면, 이것은 앉아서 당하는 거죠. 그래서 외국에서는 일찍이 알아서 공무원으로 한 거에요.

주거도 마찬가지에요. 단순한 상품이 아닌 탈상품의 성격으로 전환시켜야 합니다. 건강이나 주거를 공공재로 봐야 한다는 거죠. 건강이나 주거는 상품적 속성도 있지만 공공재적 성격이 더 강하고요, 그러니 국가가 컨트롤을 해야 한다는 겁니다. 왜 복지국가에서 빈곤, 질병의 해소와 관련된 소득보장, 교육보장, 고용보장, 건강보장, 주거보장, 사회서비스 등을 보편적 복지 분야라고 하는 것일까요? 바로 이런 점이죠. 빈곤, 질병과 관련된 보장 분야를 탈상품화를 통해 공공재적 성격으로 만들어 보편적으로 하자는 것입니다.

그러나 프로그램으로 보면 보편적으로 할 수 없는 것도 있습니다. 예산에 한정이 있거든요. 보편적으로 할 것이 있고 안 할 것이 있죠. 그래서 적어도 유엔에서 정해준 협약이 있습니다. 예를 들면, 90년대에 비준한 아동권리 협약이 있어요. 비준하는 순간 우리나라 법과 같은 효력을 갖게 됩니다. 아동권리협약에는 가장 중요한 원칙이 있습니다. 첫 번째 원칙은 무차별의 원칙입니다. 아이들은 종교든 부자든 소득 계층에 관계없이 똑같이 키우라는 겁니다. 무상급식? 해야죠. 밥 먹는건 생존과 관련된 것 아닙니까? 아이들은 적어도 다 그렇게 하라는 것이 원칙이에요.

단지 우리나라에는 아직까지도 유보조항이 두 가지 있습니다. 군사재판은 단심이잖아요? 아이들도 그 속에 들어가 있다는 거예요. 반드시 아이들은 3심을 하도록 되어 있어요. 그런데 우리나라는 군사재판에 있어서 단심을 하도록 하는 조항이 있어요. 또 한 가지는 입양입니다. 아동권리협약에서는 반드시 입양기관에서만 입양 관련 업무를 맡도록 되어 있어요. 그런데 우리나라는 입양기관 없어도 가족만 승낙하면 가능하게 되어 있죠. 우리 한국은 가족을 중시하는 나라이기 때문에 이 문제와 관련하여 유보되어 있습니다.

그 다음에, 1991년에 만든 이주 노동자 권리 협약이 있습니다. 우리나라는 아직도 비준 안 했습니다. 그 당시 우리나라 이주 노동자 수는 10만 명도 안 됐습니다. 100만 명 넘으면 적극적으로 검토해 보겠다고 정부는 유엔과 약속을 한 바 있습니다. 2008년도부터 100만 명이 넘었습니다. 지금 200만 명 가까이 되었어요. 다문화 사회가 되었죠.

그 다음에 만들어진 게 2008년도에 통과된 장애인 권리 협약입니다. 이 유엔 장애인 권리 협약은 우리나라도 제정하는 데 처음부터 적극적으로 참여했습니다. 당연히 장애아동들은 아동권리협약에 포함되어 있죠. 그러니 장애인 권리 협약의 대상자들은 성인 장애인들이죠. 성인 장애인들에 대해서 장애인 권리 협약도 무차별 원칙에 따라 부자장애인이나 가난한 장애인이나 관계없이 보편적으로 하자는 겁니다.

보편적, 혹은 선별적이라고 했을 때, 어느 선까지 주어야 하는가? 특히 아이, 장애인, 이주 노동자는 보편적으로 해야 하고요, 노인들의 경우에 있어서는 선별로 해도 됩니다. 젊을 때 저축을 해두라는 것이죠. 노후에는 기본적 생활을 할 수 있도록 연금을 제공하는 거죠. 기본적으로 인간은 생존과 관계성에 대한 욕구를 갖고 있기 때문에 그것을 가능하다면 보편적으로 보장해 주어야 한다는 거죠. 빈곤이 점점 강해지면 나중에 폭동이나 혁명이 일어나는 거예요. 배제와 차별이 많아지면 안 되는 거죠.

한국의 경제발전과 경제민주화

유종일 · KDI 국제대학원 교수

한국은 '잘 사는' 나라인가?

안녕하세요? 오늘 저는 경제 이야기를 하겠습니다. 우리나라가 잘 사는 나라라고 생각하시나요? (학생들: 네) 네, 어떤 의미에서 잘 사는 나라입니까? 돈을 많이 버니까 잘 사는 나라죠. 우리나라는 국제기구에 의해서 분류될 때, 고소득 국가(High-income)에 속합니다. 그런 의미에서 우리나라는 잘 사는 나라입니다. 더군다나 예전에는 고소득 국가 서열에서 말석을 차지하고 있었는데, 요즘에는 그보다 더 발전했습니다. 그 예로 최근 핸드폰 전쟁 양상을 살펴봅시다. 과거에는 노키아 기업이 시장의 1위 브랜드였다가, 그 다음으로 애플이 1위를 석권했는데, 최근에는 스티브 잡스가 작고하면서 평가가 낮아졌죠. 그러면서 '역시 삼성이 잘 나간다, 혁신에 성공했다' 등 이런 평가가 나오고 있습니다.

일본하고 소득수준을 비교해보면, - 물론 환율대로 계산해보면 일본의 소득 수준이 우리보다 훨씬 높게 나타납니다만 - 구매력 수준, 즉 그 돈으로 실제 물건을 얼마만큼 살 수 있는가를 따져보면 우리나라가 일본보다 1인당 국민소득이 더 높은 것으로 나타나고 있습니다. 일본이 물가가 비싼 탓이죠.

또 제가 몸 담고 있는 직장인 KDI 대학원의 학생들 중 60%가 외국인입니다. 이 중 일부를 제외한 외국인들은 대부분 제3세계에서 온 학생들입니다. 그 학생들에게 한국은 참 잘 사는 나라죠. 여기에서 잘 산다고 했을 때는 두 가지 의미를 담고 있습니다. 하나는 지금 말한 것처럼 돈이 많다는 의미입니다. 저 사람은 참 돈이 많아서 원하는 물건을 사고, 먹고 싶은 것을 먹고, 하고 싶은 것을 하는 여유 있는 생활을 한다. 그런 사람을 보고 잘 산다고 하지요. 하지만 잘 산다는 것의 또 다른 의미는 이와는 전혀 다릅니다. '저 사람 참 잘 산다'고 했을 때, 이 말은 그 사람의 삶의 질이 높은 것을 의미하기도 합니다. 가정생활도 평탄하고, 보람 있는 일도 하고, 좋은 취미생활도 하면서 폼도 나고, 교우관계도 좋고, 이웃들에게 좋은 일도 많이 하고. 그런 사람을 보고 잘 산다고 하죠. 이런 삶의 질이라는 측면에서 보았을 때, 우리나라는 잘 사는 것일까요?

우리나라는 소득 수준으로 봤을 때는 잘 사는 나라이지만, 삶의 질 면에서는 굉장히 문제가 많은 나라입니다. 어린 시절부터 부모 등쌀에 이것저것 배워야 하고, 학원도 여기저기 다녀야 하니 스트레스를 많이 받습니다. 연세대 방정환 재단의 데이터나 국제적 서베이 자료들을 보면, 한국

어린이들의 삶에 대한 만족, 즉 행복 지수가 OECD 30여개국 중에서 다른 나라들과는 비교가 되지 않을 정도로 불행하게 나옵니다. 아이들의 스트레스가 많은 나라인 것입니다. 그리고 이런 스트레스는 10대 학생이 되면 입시 지옥이라 불리는 성적 스트레스로 이어집니다.

저는 개인적으로 이렇게 스트레스를 초래하는 행위들이 오히려 학생들의 뇌세포를 파괴하는 결과를 가져온다고 봅니다. 예전에 제가 글로도 쓴 적이 있지만, 아이들의 시험공부를 적극적으로 방해해야 한다고 생각합니다. 아이를 둔 엄마들은 황당해 하겠지만요. 제 아들은 역시 제 아들인지, 고등학교 1학년 때 교장 선생님과 한 판 붙고 자퇴를 선언하고는 실제로 자퇴를 한 적이 있습니다. 자랑스럽죠. (학생들 웃음) 한 동안은 머리를 아주 길게 기르고 헤비메탈도 하고 그랬습니다. 자유롭게 자랐죠. 이상한 길로 빠지나 싶더니 지금은 유명한 이공계 대학 칼텍에서 물리학 박사과정을 하고 있습니다. 제 아이를 길러봐서 잘 아는데, 이 아이가 머리가 그다지 좋은 아이가 아니에요. 그런데도 칼텍에서 박사과정을 하고 있어요. 소모적인 입시 경쟁을 하다 뇌세포가 파괴되지 않았기 때문이에요. 서열화 시스템에 들어가서 경쟁을 하게 되면 뇌세포가 파괴됩니다. 이렇게 뇌세포도 파괴하고, 잠도 못 자고 학원 다니면서 괴롭게 입시를 거쳐 대학을 들어가죠.

그런데 이 대학교를 다니려면 세계 최고 수준의 등록금을 내야 합니다. 물론 절대적 액수로 보면 미국 대학이 1위이고 한국 대학이 2위입니다. 그러나 소득 수준 대비 등록금 수준으로 환산하면 한국 대학 등록금이 압도적으로 비쌉니다. 게다가 대학 교육의 질은 어떻습니까? 충분히 훌륭한 수준의 교육을 제공받는다면 괜찮지만, 그렇지가 않죠. 그럼에도 불구하고 이 비싼 등록금을 내기 위해 많은 학생들이 아르바이트를 합니다. 그러고는 피곤해져서 강의시간에 잠을 잡니다. 왜 이런 일이 발생합니까? 대학 졸업장이 없으면 정당한 대우를 해주지 않기 때문에 이런 식으로라도 대학교를 졸업하는 겁니다. 게다가 이제는 대학 졸업장만으로도 안 된다고 합니다. 교환 학생으로 해외에 다녀와야 하고 어학연수도 해야 하고 온갖 '스펙'을 쌓아야 하죠. 그렇게 해도 괜찮은 직장을 구하기가 어려워서 취업 시험을 '삼성고시', '현대고시'라고 부릅니다. 그리고 공무원 시험에 매달리는 '공시족'들도 많죠. 이렇게 열심히, 힘들게 살면서도 너무나 많은 젊은이들이 인생을 살아갈 자신감을 갖지 못합니다. 집 장만과 자녀양육에 엄두를 못 내기 일쑤입니다. 그래서 연애, 결혼, 출산을 포기하는 삼포(三抛) 세대가 되는 겁니다.

그 이후의 삶은 어떻습니까? 비정규직 비율이 점점 많아지고 있습니다. 간신히 모은 퇴직금으로 개업한 가게들이 골목마다 빼곡히 늘어서서 치열하게 경쟁하다 결국 망합니다. 이렇게 열악한 근로 조건과 은퇴 실패 등으로 우리나라 노인 인구의 45%가 빈곤가구가 됩니다. OECD 국가 중 가장 높은 노인 빈곤율이며, 이 수치는 압도적인 수치입니다. 지금 이런 빈곤율을 겪고 있는 노인들은 한국 전쟁의 폐허 위에서 가난을 극복하고 오늘날 고소득 국가 한국을 만든 주인공이지만 국가는 이 분들의 절반을 빈곤에 방치하고 있습니다. 경제적 빈곤만이 문제가 아닙니다. 노인들의 심리적 외로움도 큰 문제입니다. 고립감과 외로움에 노인 자살률도 1위입니다. 특히 75세 이상 노인의 자살율은 (제 기억이 정확하지 않을 수 있습니다만) 2위 국가의 자살율보다 10배쯤 높습니다. 그래서 저는 이것을 '현대판 고려장'이라고 부릅니다. 우리 사회는 그 정도로 잔인한 사회입니다. 남들을 돌아볼 여유가 없고 친구들과도 협력하지 못합니다. 어릴 때부터 경쟁뿐이죠.

우리가 '못 사는 이유'에 대해 – 잘못된 경쟁과 시장

경쟁 자체가 나쁜 것은 아닙니다. 경쟁을 해야 재미가 있고 발전이 있죠. 제가 경제 민주화의 기치를 내걸고 지식협동조합 '좋은 나라'에서 활동하고 있으니까 사람들은 제가 시장과 경쟁을 싫어하는 사람이라고 생각하지만 천만의 말씀입니다. 경쟁이 매우 중요하다고 생각합니다. 그러나 모든 것을 걸고 과도하게 경쟁하는 것이 문제인 것입니다.

철학자 버트란트 러셀이 이런 이야기를 했어요. "협동이 좋다고 경쟁은 하지 않고 협동만 하면 어떻게 되는가?" 예를 들어 축구를 하는데, 두 팀이 경쟁하지 않고 서로 사이좋게 번갈아 골을 넣으면 여기에 무슨 재미가 있으며 발전이 있겠습니까. 이긴 팀은 마실 음료수를 얻는다든지, 이겼다는 명예를 얻는다든지의 보상을 놓고 경쟁을 해야 재미도 있고 발전도 있죠. 그렇게 되면 진 팀은 아쉬워하면서, 우리가 왜 졌는지, 누가 어떤 실수를 했는지 분석도 하고 새벽에 나와서 연습도 더 열심히 하게 됩니다. 이런 것이 삶의 재미이며, 축구 기술의 발전 바탕이 되는 것이죠. 그런데 만약 경쟁이 지나치게 심해지면 어떻게 됩니까? 군대 축구를 예로 이야기 해 봅시다. 요즘 군대는 과거보다 민주화가 많이 되었겠지만, 예전처럼 무식한 중대장이 등장해서 "축구에서 진 팀에게 엄청난 벌을 준다"고 합시다. 아니면 영화에 나오는 이야기처럼 진 팀의 선수들은 다 죽인다고 해봅시다. 그럼 이제 경쟁은 더 이상 재미있는 것이 아니죠. 엄청난 스트레스가 됩니다. 이기기 위해 수단과 방법을 가리지 않게 됩니다. 이렇게 되면 기술이 발전하는 것이 아니라, 오히려 파괴적이게 됩니다.

그래서 경쟁과 시장은 그 자체가 목적이 되는 가치가 아니라, 우리가 좋은 삶을 살고 높은 삶의 질을 누릴 수 있도록 규제도 하고 보완도 해야 하는 대상입니다. 이것이 바로 경제 민주화입니다. 경제 민주화를 하지 못했기 때문에, 지금의 우리나라가 소득은 매우 높지만 삶의 질은 굉장히 낮은, '못 사는' 나라가 됐습니다.

어떻게 잘못되었는가? - 한국 경제발전의 역사

우리나라가 이런 '못 사는' 나라가 된 과정에 대해 이야기 해보겠습니다. 지금 우리나라 경제 발전의 토대를 만들었다고 평가받는 사람이 박정희 전 대통령이죠. 그러나 저는 박정희 대통령에게 유감이 많습니다. 제가 어렸을 적 수학, 물리학을 좋아했고 고등학교 때는 이과였어요. 이 때가 유신시대였어요. 제가 시대에 눈을 뜨고 운동권 대학생들의 책을 읽으면서, '이런 불의한 권력이 인권과 자유를 탄압하는 시국에, 내 취향만 따라서 물리학을 하고 있어서 되겠는가' 하는 생각에 경제학과 학생이 되어서 학생 운동도 하고 감옥도 들락거리고 하면서 속된 말로 인생이 꼬였죠. 그렇게 살다가 아까 말한 우리 아들이 초등학교 2학년 때에 구반포로 이사를 갔는데, 집 앞에 국립묘지가 있더라구요. 그래서 주말에 산책을 하러 가 보았는데, 박정희 묘지도 있기에 가 보았습니다. 여기 계신 분 중에도 박정희 묘지에 가 보신 분 계십니까? 안 계시네요. 가 보시면 아시겠지만, 마치 왕릉을 올라가는 것처럼 백 개도 넘는 계단을 올라가야 해요. 그래서 힘들게 올라가면서 "박정희 이 자는 살아서도 나를 괴롭히더니 죽어서도 나를 괴롭히네"라고 말했어요. 그랬더니 우리 아들이 그 말을 그대로 일기에 적어 놓았지 뭡니까. 그리고 담임 선생님께서 일기 검사를 하시면서 그 말에 빨간 밑줄을 그어놓으셨더라고요. 좋다 나쁘다 평은 없고 밑줄만 그어놓으셨어요. 이 박정희 대통령 덕분에 우리나라가 잘 살게 됐다고 많은 사람들이 말합니다. 여러분도 그렇게 많이 들으셨죠? 구미에 가면 박정희 전 대통령 생가가 있습니다. 그 곳에 가면 많은 할머니, 할아버지들이 눈물을 흘리며 방명록에 싸인을 하시죠. "이 양반 덕분에 보릿고개도 넘기고 잘 살게 됐다"면서요. 하지만 저는 전혀 그렇게 생각하지 않습니다.

박정희 정권이 경제정책을 잘못했고, 경제발전에 아무런 공을 하지 않았다고 주장하는 것은 아닙니다. 그러나 우리가 어떻게 해서 잘 살게 됐는지, 어떤 식으로 잘 살게 된 것인지, 그래서 왜 소득은 높은데 삶의 질 측면에서는 못 살게 됐는지를 알아야 합니다. 그 과정을 알아야 어떤 것이 문제이고 어떻게 고쳐야 하는지를 알 수 있겠죠. 박정희 정권 덕분에 우리나라가 잘 살게 됐다는 주장은 그 시기에 우리나라 경제성장이 이뤄졌다는 것만을 보고 말하는 표면적인 주장입니다.

먼저 세계의 발전사를 큰 그림으로 그려보겠습니다. 산업화 이전 시대에는 중국이 상업과 과학에 있어 가장 발달해 있었지요. 그러나 유럽이 세계를 지배하기 시작하면서 동아시아를 비롯한 제3세계가 식민지화되어 낙후하게 됐습니다. 일본은 이러한 흐름에 재빠르게 편승하여 제국주의 국가를 이루었지만요. 그리고 제2차 세계대전이 끝나고 나서야 신생독립국가의 경제발전이 이뤄지기 시작했습니다. 어떤 나라는 빠르게, 또 어떤 나라는 느리게 발전하는 가운데, 동아시아 지역 대부분의 나라들이 고도 성장을 이루었습니다. 이것은 박정희 치하의 대한민국에서만 일어났던 일이 아닙니다. 특히 아시아의 4마리 용이라 불리는 대만, 싱가폴, 홍콩, 한국이 빠르게 고도의 경제 발전을 이루었습니다. 아시아의 4마리 용보다는 속도가 느리고 성장률도 높지 않았지만, 태국, 말레이시아, 인도네시아와 같은 국가들도 고도 성장을 이루었습니다. 다음으로 중국이 고도 성장을 하기 시작했고, 베트남 역시 고도 성장을 하고 있습니다. 가장 최근에는 인도가 뒤를 따르고 있습니다. 이러한 경제성장은 박정희라는 특정 인물로 인해 일어난 것이 아니라, 다른 국가에서도 모두 일어났던 시대의 흐름이자 전반적인 역사적 현상입니다. 이러한 큰 그림을 봐야 합니다.

그렇다면 왜 속도와 성장률 차이가 발생하느냐? 이것 또한 살펴보아야 할 문제이기는 합니다. 그런데 여기서 가장 중요한 것은 다음의 요건들입니다. 토지개혁과 의무교육이 그 요건이죠. 의무교육은 다른 말로 보편 기초교육입니다. 기초교육을 보편적으로, 모든 국민에게 실시하는 것이죠. 이 요인이 국가 발전에 매우 중요한 요인이며, 후발국의 이익(Advantage of Backwardness)을 실현하기 위한 토대가 되는 것입니다. 이미 발전된 국가들이 가지고 있는 정책이나 기술을 시행착오 없이 보고 배울 수 있고, 필요할 경우 자본도 빌려 쓸 수 있기 때문에 선진국보다 개도국이 더 빨리 성장할 수 있다는 것을 후발국의 이익이라 부릅니다. 이 후발국의 이익으로 인해 이론적으로는 후발국이 경제성장을 훨씬 빨리 하게 되어 있습니다.

그런데 어떤 나라는 경제성장을 이뤄내는 데 비해 어떤 나라는 그렇지 못합니다. 경제성장을 이루지 못하는 가장 큰 이유는 그 나라의 정치 권력을 잡게 된 엘리트들이 자기 이익만 추구하기 때문입니다. 대표적인 국가가 필리핀입니다. 필리핀은 제가 어렸을 적만 하더라도 한국보다 훨씬 잘사는 나라였습니다. 그런데 결정적으로 토지개혁을 하지 않았습니다. 소수의 귀족들이 토지를 독차지하고 보편교육 등은 하지 않은 채 자신들을 위한 정책에만 세금을 사용했습니다. 모든 사람들의 생산성을 높이는 데 국가의 자원을 사용하는 것이 아니라 자신들의 서비스를 제공받는 데 써버리는 것이죠. 제가 필리핀에 갔다가 황당한 경험을 하기도 했어요. 마닐라에서 1시간이 걸리는 약속장소에 가는데 교통 체증이 심해서 약속시간을 도저히 맞출 수 없게 되었어요. 걱정을 하고 있는데, 가이드가 "내가 해결할테니 걱정하지 마라"고 하고는 어딘가 전화를 하는 거에요. 그러니까 조금 있다가 경찰차가 나타나서 우리 차 앞길을 다 터주면서 에스코트를 해주는 겁니다. 돈을 주면 경찰들이 이런 일을 부업으로 해준다고 합니다. 덕분에 약속 장소에 늦지 않게 도착할 수 있었지만, 그만큼 필리핀에 공공성이란 개념이 희박하고, 공적 권력의 부패가 심한 것이라고 볼 수 있죠.

이런 사회에서는 자기 이익만을 집요하게 추구하지 않으면 더욱 살아남기가 어렵기 때문에, 보편적인 발전이 일어나기 어렵습니다. 부가 심하게 편중되어 있는 사회가 발전이 정체되는 이유입니다. 제가 정치학을 제대로 공부한 것은 아니지만, 미국도 부의 집중이 심각한 수준에 이르러 이에 대한 많은 연구가 진행되고 있는 것으로 알고 있습니다. 이 중에는 부의 집중이 심할수록 저소득층의 투표율이 낮고, 정치적 아젠다를 설정할 때 저소득층이나 사회의 공공성을 위한 주제들이 선정되는 것이 아니라 엉뚱한 문제들이 이슈가 되는 현상을 지적한 연구들이 있습니다. 우리나라의 경우도 이와 크게 다르지 않음을 볼 수 있습니다. 젊은이들의 실업 문제나 노인의 빈곤 문제 같은 매우 중요한 주제들이 있는데도 불구하고 유신 공주가 어떻다는 등 NLL이 어떻다는 등 가십성 문제들이 이슈화 되고 구조적 문제들은 곁가지로 빠지고 있습니다. 기득권층이 구조화된 영향력을 사용하여 정치 아젠다를 자신들에게만 유리한 방향으로 이끌고 가는 것이죠.

이 대목에서 생각나는 소설책이 있어서 소개해보려고 합니다. 영국에서 2011년에 출판된 〈River of Smoke〉라는 소설인데, 19세기 아편전쟁을 배경으로 세계화와 자유무역에 대해 쓴 소설입니다. 인도, 영국, 아프리카, 미국 등 온 세계의 인물들이 망라되어 중국 광둥을 주 무대로 이야기를 펼쳐 나갑니다. 여기서 중국이 기울어가는 국세를 막기 위해 아편을 금지하니까, 아편을 팔아 많은 돈을 번 영국의 부유한 상인들이 대책을 세우는 장면이 나옵니다. 이 장면에서 한 등장인물이 영국 정부에 로비를 해서 영국 정부가 중국 정세에 적극적으로 개입하도록 만들자는 작전을 제시하면서 이런 이야기를 합니다. "민주주의라는 것은 참 좋은 것이다, 왜냐하면 민주주의는 대중이 쓸 데 없는 것에 관심을 갖고 티격태격 싸우게 하면서 우리들이 정부를 상대로 돈이 되는 사업을 할 수 있도록 해준다"고 말합니다. 물론 여기에는 세상에 대한 소설가의 관찰과 해석이 들어가 있지만, 저도 읽으면서 무릎을 탁 치게 되는 점이 있었습니다. 이 소설을 쓴 작가가 아미타브 고쉬(Amitav Ghosh)란 사람인데, 앞으로 더 큰 소설가로 성장하지 않을까 싶습니다. 제가 잠도 자지 않고 대한민국의 경제민주화를 위해 노력하는 사람이라고 이야기하고 다니는데, 이렇게 소설 읽은 것을 들킨 것 같네요. 이 작품은 경제 민주화에 대한 소설로도 읽을 수 있습니다.
(학생들 웃음)

다시 토지개혁 이야기로 돌아와 봅시다. 토지개혁을 하면 두 가지가 좋습니다. 첫째, 소수 특권층의 이익만을 위한 정책을 만드는 구조를 없애고 많은 사람을 위한 정책을 만들 수 있는 정치적 기반을 만들게 됩니다. 둘째, 토지개혁을 통해 농민들도 투자를 할 수 있게 됩니다. 예를 들어 우리 집안에 학교 다닌 사람은 아무도 없지만, 우리 딸이 학교를 보냈더니 1등을 하고 공부를 곧잘 한다고 합시다. 그러면 내가 가진 논 한 마지기라도 팔아서 딸아이 교육을 시킬 수가 있어요. 이것은 토지개혁 이전에는 상상도 할 수 없는 일입니다. 토지개혁을 통해 누구나 투자의 기회를 얻게 되는 겁니다. 그리고 이것이 투자의 효율성을 높여줍니다. 교육에 대한 투자이든 사업에 대한 투자이든, 예전에는 대토지를 소유하고 많은 돈이 있는 사람이 아니면 투자를 하지 못했죠. 그런데 토지개혁은 많은 사람들에게 투자의 기회를 열어줍니다. '우골탑'이라는 말 들어보셨을 겁니다. 소를 팔아 자식을 대학에 보냈다는 이야기죠. 토지개혁으로 가능했던 일입니다.

지금은 세계 어느 나라를 가도 초등학교 의무교육은 하고 있지요. 그러나 1950년에 초등학교 의무교육을 실시한 국가는 얼마 되지 않았습니다. 한국은 그 당시에 아프리카 못지않게 아주 가난한 나라였음에도 불구하고 초등학교 의무교육을 실시했지요. 토지개혁과 함께 말입니다. 이것은 이승만 정권 때 이승만 전 대통령이 조봉암 당시 농민부 장관을 통해 실시한 것으로, 박정희 전 대통령과는 아무런 관련이 없습니다. 이런 맥락에서 저는 이승만 정권에게 박정희 정권에게 주는 만큼의 평가 점수를 주어야 한다고 생각합니다. 그렇다고 이승만 전 대통령이 훌륭한 지도자라는 이야기는 아닙니다. 이승만 정권 때 토지개혁과 보편교육을 실시했던 것은 그만큼 당시 한국의 정치적 상황이 이러한 개혁 없이는 안정화될 수 없을 정도로 역동적이고 혁명적인 상황이었기 때문이죠. 이러한 상황에서 이승만 전 대통령이 지주 정당인 야당 한민당에 맞서 리더십을 발휘한 점도 작용을 했구요. 어쨌거나 이때 실시된 토지개혁과 의무교육이 한국 경제발전의 결정적인 토대를 만든 것이고, 이러한 토대는 박정희 정권과는 아무런 관련이 없습니다.

경제 정책적인 측면에서는 박정희 정권이 시행한 노동집약적 수출 정책이 굉장히 잘한 사업이라고 봅니다. 하지만 이 정책도 박정희 정권이 스스로 수립하여 자발적으로 시행한 것이 아닙니다. 쿠테타로 정권을 잡은지 일주일만에 국가경제개발계획을 제시했는데, 어떻게 한 국가의 경제계획이 7일만에 나오겠습니까? 원래 있었던 경제개발계획을 쿠데타 사령부가 그대로 베껴서 발표한 것이죠. 게다가 박정희 개인이 가지고 있었던 관념적 경제정책의 모델은 일제시대 일본의 재벌 경제 모델입니다. 어쨌든 박정희 정권의 초기 경제개발계획은 상당히 포퓰리스트적인 정책방향을 따라 가려고 했는데 미국이 이를 반대합니다. 미국이 박정희 정권에 압력을 가해서 노동집약적 수출정책을 추진하고 원본과 분업관계를 발전시키도록 강제한 것이니, 박정희 전 대통령 덕분에 보릿고개를 넘고 경제발전을 이루었다는 이야기는 올바른 이야기가 아닙니다. 그래도 필리핀의 페르디난도 마르코스 등과 같은 많은 독재자들이 국가 경제를 독재와 부패로 망쳐놓았지만 박정희 정권은 그렇게 하지는 않았으니 이런 부분은 잘한 것이라고 평가합니다. 물론 여기에는 박정희 정권에 대한 정치적 반대자, 야당, 학생들의 저항과 비판 등의 견제가 중요하게 작용하였죠.

이렇게 발전한 한국 경제가 1997년에 위기를 맞게 됩니다. 97년 경제위기는 굉장히 중요한 터닝 포인트입니다. 97년 이전에는 고도 성장이 맺은 과실이 밑으로까지 퍼져서 누구나 성장의 혜택을 느낄 수 있는 낙수효과가 존재했습니다. 낙수효과가 존재할 때는 누구나 "그래도 올해는 작년보다 나아졌네", "그래도 우리 자식 살 때는 더 나아지지 않겠어" 같은 말과 생각을 했습니다. 그러나 97년 IMF 이후에는 점점 낙수효과가 줄어들고 양극화가 점차 심화되기 시작했습니다. 이러한 양극화의 근원은 박정희식 경제발전 모델에서 유래하는 것입니다. 박정희식 경제발전 모델은 스탈린식 경제발전 모델과 비슷합니다. 스탈린 정권때 소련의 경제성장률은 매우 높았습니다. 1년에 15%라는 경제성장률을 보이기도 했습니다. 투자를 아주 많이 했기 때문이죠. 돈을 많이 벌어놓고 아주 조금씩만 쓰면서 남은 돈을 모두 다시 투자하는 식으로 경제성장률을 끌어올렸습니다. 그런데 이러한 성장 모델에는 두 가지 중요한 문제가 있습니다. 하나는 농업과 관련된 문제입니다. 먼저 농장에서 일하는 사람들을 공장에서 일하도록 데려와야 합니다. 그리고 공장으로 데리고 온 농촌 인력을 먹이기 위해서 농촌의 잉여 농산물을 모두 도시로 가져와야 하죠. 전통적으로 농촌에서는 자급자족 형태로 작은 규모의 생산과 소비를 해왔는데, 노동력과 잉여 농산물을 도시와 공장으로 공급해야 산업화를 할 수 있으니 압력을 가하게 되는 겁니다. 이러한 과정이 점진적으로 일어나면 농촌에서 TV 같은 도시 공산품을 구입하기 위해 자발적으로 노동력과 농산물을 공급하는 식의 순환이 일어나지만, 소련은 이 과정을 매우 급격하게 바꾸려 했습니다. 그러니 집단농장을 만들어 농민들을 강제하고, 말을 듣지 않는 사람들은 수용소로 보내거나 죽였지요. 스탈린은 우리들에게 히틀러와 함께 역사상 최악의 인물이 되었죠. 이보다 정도는 덜 했으나, 박정희식 성장모델도 다를 바가 없었습니다. 급속한 경제발전을 위해 농민들을 사정없이 착취하였죠. 전국적으로 묻지마 상경이 일어났고, 동생과 오빠의 학비를 보태기 위해 수많은 언니, 누나, 여동생들이 공장에 가서 혹독한 노동에 시달렸습니다.

다만 박정희식 발전모델이 소련과 다른 한 가지는 집중투자를 통한 자본 축적에 더해 기술·지식 발전이 일어났다는 점입니다. 생산성을 늘리는 방법에는 두 가지가 있습니다. 첫째는 자본을 축적하는 것이고, 둘째는 기술과 지식을 발전시키는 것입니다. 첫째 방법만으로는 지속적인 발전이 이뤄지지 않습니다. 많은 자본을 투자하면 처음에는 성장이 원활히 이뤄지지만 한계수확체감의 법칙에 의해 갈수록 성장률이 떨어지다가 결국에는 정체 됩니다. 예를 들어보겠습니다. 노트북이 없을 때 1개의 노트북을 사면 생산성이 크게 높아지겠지요. 그러나 2개, 3개, 4개로 많은 노트북이 생기게 되면 노트북이 더 생기더라도 딱히 필요가 없고 생산성 증가에도 별 도움이 되지 않습니다. 이 때는 같은 수의 노트북을 가지고서도 내 머리를 잘 쓰고 보다 수준 높은 기술을 사용하여 생산을 해야 발전이 일어납니다. 자본의 투자만으로는 지속적인 성장을 이룰 수 없습니다. 소련은 계획경제로 운영되었기 때문에 기술발전에 도전할 인센티브가 없어 혁신이 잘 일어나지 않았습니다. 제가 1986년에 대학원 1학년생이었는데, 이 때 유명한 소련 경제학자들을 핀란드 헬싱키에서 만날 기회가 있었습니다. 기대가 정말 컸죠. 당시 여름에 유럽에 가서 세계적으로 유명한 경제학자들을 운좋게 만났었는데, 그 학자들의 수준이 정말 대단하다는 것을 느꼈거든요. 그래서 이번에는 'Academy of Soviet Social Science, 소련 사회 과학 아카데미'라는 굉장한 집단의 사람들을 만나게 된다고 하니 그 기대가 굉장히 컸습니다. 공산주의 국가 학자들과 접촉한다는 스릴도 느껴졌구요. 그런데 막상 만나서 밥을 먹으면서 이야기하는데, 재미가 없는 겁니다. 나중에 생각해보니 당연한 것이었습니다. 소련은 계획경제로 운영되니까, 경제정책에 계획하는 작업만 있을 뿐이고 창조적인 인재가 필요없었던 것입니다. 국가가 우선순위로 놓은 국방분야에 우수한 인재들이 몰리게 됩니다. 머리 좋은 인재들이 수학, 물리, 통계학 등을 배워서 무기만 만들고 있었던 거죠. 그래서 경제발전이 없이 사회가 정체되어 있었던 겁니다. 결국 고르바초프가 개혁을 해야 했죠. 여기서 잠깐 농담을 하자면, 고르바초프는 서방 세계에서는 인기가 많고 역사적으로 중요한 역할을 했지만, 정작 소련에서는 인기가 없었습니다. 개혁을 진행하면서 여러가지로 사람들을 괴롭혔거든요. 그 중 하나가 직장에서 술 마시는 것을 금지한 것입니다. 혁명 당시에는 다들 의욕이 넘쳤지만 혁명 이후에는 혁신의 인센티브가 없으니 직장에서의 낙이 없고, 술을 마시는 게 낙이 되었던 것인데, 이것을 못하게 했으니 사람들에게 인기가 없었지요. 대머리이기도 했고요. 러시아 지도자는 대머리와 대머리가 아닌 사람이 번갈아가면서 맡는다는 속설이 있기도 합니다. 레닌부터 푸틴까지 이 법칙은 깨지지 않았습니다.

박정희 정부는 한편으로는 스탈린식으로 자본을 끌어 모아 경제를 성장시켰고, 다른 한편으로는 기술 모방을 통해 경제를 성장시켰습니다. 국내 자본뿐 아니라 외채도 상당한 규모로 끌어 모았고, 리버스 엔지니어링 (Reverse Engineering)과 모방(Imitation) 등의 추격형, 모방형 기술 발전 모델을 통해 빠른 성장을 이루었죠. 선택과 집중 전략을 탁월하게 사용했습니다. 도시화를 위한 건설 사업, 도시에 공급하기 위한 농산물 생산을 늘리기 위한 비료 사업 등 몇 가지 사업을 선택하여 집중적으로 성장시켰죠. 이런 전략이 큰 성공을 거두면서 연구 분야에도 활용되었습니다. 선진국의 기술을 모방하는 데 연구역량을 집중하고, 그 중에서도 상업적으로 돈이 되는 연구에만 선택과 집중 전략을 사용하였죠.

그러나 이러한 전략은 우리나라의 자체적 과학 발전에는 도움이 되지 않습니다. 지금까지 우리나라에서 세계적으로 의미있는 과학 업적이 나온 적이 별로 없습니다. 논문이나 국제특허들은 숫자로도 세계 상위 순위에 꼽힐 만큼 많이 나오지만, 그 기반이 획일적인 집중 투자와 남의 것에 대한 모방이기 때문에 실질적으로 의미있는 연구가 잘 나오지 않는 것입니다. 90년대 이전에는 획일적 집중 투자와 모방이 성공적이었지만, 이제는 이러한 전략은 더 이상 통하지 않는 시대가 온 것입니다. 그런데도 우리나라의 시스템은 아직도 '잘 되는 자에게 몰아주기'라는 전략을 벗어나지 못하고 있습니다. 다시 말해 재벌 중심 경제로 국가의 모든 시스템이 구조화가 되어 있습니다. 최근의 예를 보더라도, 노무현 정부 때 신(新)성장동력 사업 10개를 선정하여 지원한 것 역시 재벌 퍼주기에 지나지 않습니다. 요즘 박근혜 대통령이 창조경제를 외치지만, 현재 우리의 풍토에서는 창조가 이뤄지기 어렵습니다. 창조가 발현되기 위해서는 온갖 종류의 괴짜들이 다양한 분야에서 나타나야 합니다. 이런 사람들이 온갖 것들을 시도해 보아야 창조적인 것이 탄생하는 법인데, 교육 시스템부터가 획일적인 지식을 최대한 효율적으로 습득하여 활용하는 것을 추구하는 식이니 창조가 이뤄지기 어렵죠. 우리나라도 이제 R&D 투자 규모나 고용 인원 대비 연구 인력의 비중 등이 세계적인 수준에 이르렀습니다. 다섯 손가락 안에 꼽을 수 있죠. 그럼에도 연구 성과나 기술 수출 내용, 로열티나 특허 수입 등에서 모두 마이너스를 보이고 있습니다. 왜 그럴까요? 근본적인 시스템 구조가 창조성과 거리가 멀기 때문입니다. 약 두 달 전 삼성그룹에서 몇 가지 분야의 새로운 사업 영역을 발굴하고 기술을 개발하기 위해 약 5년간 진행해 온 신사업 기획단을 해체한다는 발표를 했습니다. 기획단을 해체하는 이유로 그간의 연구 소임을 다 했기 때문이라고 밝혔지만, 속내는 새로운 사업과 기술의 개발에 실패했기 때문입니다. 삼성그룹은 막강한 기술력과 자본을 가진 국내 최고의 재벌 아닙니까? 그런 삼성그룹의 엄청난 지원을 받으며 연구를 진행했는데 실패한 것입니다. 이미 기득권에 유리한 구조로 시스템이 형성되어 있기 때문에 근본적인 개혁이 없는 한, 진행되는 노력은 계속 잘못된 방향으로 가게 됩니다. 투자를 하지만 과잉 중복투자가 될 뿐이고, 성장률이 올라가기는 하지만 일시적인 현상일 뿐입니다. 이렇게 지속될 수 없는 경제성장을 하니, 국제 시장 여건이 어려워지면 금방 위기가 닥치게 됩니다. 과잉 중복투자에 돈을 빌려준 은행은 필연적으로 부실화되고, 이러한 연쇄 고리를 따라 결국 국가적 경제위기가 오는 것이죠.

앞으로 어디로 나아갈 것인가?
-경제민주화가 가능한 시스템 필요

이런 문제를 어떻게 해결할 수 있을까요? 문제가 터질 때마다 개혁을 해야 한다는 이야기들이 나오기 시작합니다. 그런데 이 때 등장하는 개념이 '경제 민주화'이며, 이 개념은 사실 박정희 정권 시대 때부터 있었던 개념입니다. 이때부터 이미 있었던 개념이 1987년 개헌 당시 경제민주화 조항인 119조 2항으로 정립이 된 것이죠.

그렇다면 이 경제민주화라는 것이 무엇인가? 구체적으로 거론된 경제민주화의 4가지 요소가 바로 재벌개혁, 노동개혁, 사회복지, 관치경제 청산입니다. 1970년대 중화학공업 중심의 산업 발전만을 꾀하다 보니까 몇몇 재벌들의 규모가 너무나 커지고 독점과 정경유착의 문제가 발생하게 되어 재벌개혁의 문제가 떠올랐죠. 그리고 노동자들에 대한 착취가 심각한 수준에 이르렀고 노동조합 탄압 역시 큰 문제였기 때문에 노동권리를 보호하고 노동자들을 정당하게 대우해야 한다는 주장이 제기됐습니다. 또한 성장의 가치만을 지나치게 추구하다보니 시장경쟁에서 패배한 사람들이 먹고 살기 너무나 힘들어졌기 때문에 사회복지가 필요하다는 문제 역시 제기됐습니다. 마지막으로, 당시 나라의 경제운영은 관료가 크게 좌지우지할 수 있었는데, 이를 개혁해야 한다는 논의가 있었습니다. 박정희 전 대통령이 정권을 잡은 후 처음으로 한 정책이 은행의 국유화입니다. 부정 축재자들을 잡아들인다는 명분하에 은행을 모두 국유화하고 관료들이 자원배분에 개입했죠. 이것이 관치경제입니다.

이것을 청산하고 시장이 스스로 수요공급 조정을 할 수 있도록 하여 시장 기능을 강화해야 한다는 논의까지가 당시 경제민주화의 주요 아젠다였습니다.

더욱이 1997년 IMF 위기가 찾아온 이후에는 경제개혁을 추진하면서 이 주요 아젠다들이 모두 다시 등장하였습니다. 이 때가 마침 김대중 정부가 출범할 때였습니다. 관치경제를 청산하여 시장 원리를 살리도록 하고, 재벌 개혁 논의가 나오고, 노사정 위원회를 열고, 전교조를 합법화하는 등의 조치들이 취해졌습니다. 4대 사회보험의 골격도 이 때에 제대로 갖춰졌고, 국민기초생활보장법도 마련됐습니다.

그런데 왜, 오히려 거꾸로 양극화가 심해졌을까요? 경제민주화의 4가지 아젠다인 '재벌개혁, 노동개혁, 사회복지, 관치경제 청산' 중에서 관치경제 청산을 제외한 나머지 아젠다들은 거의 진도가 나가지 않았기 때문입니다. 재벌개혁, 노동개혁, 사회복지는 기득권의 이해관계에 반하기 때문에 힘있는 자들이 반대해서 발전이 더디게 됩니다. 한나라당, 조중동과 같은 세력들이 이 아젠다들을 사회주의라고 무조건 몰아붙이지 않았습니까. 재벌들은 개혁 초기에는 눈치를 보면서 개혁을 따르는 척하다가, 나중에는 정치인들에게 로비를 하면서 자신들에게 불리한 정책이 실현되지 않도록 합니다. 이 때문에 필요한 재정이 모이지 않아 복지가 제대로 구축되지 않습니다. 또한 정부가 기업과 노동자 사이에서 힘의 균형이 이루어지도록 힘이 더 약한 노동자의 편에 서야 하는데 기업의 편에 서니까 노사정 위원회도 성공하지 못했습니다. 저는 김대중 정부, 노무현 정부와 모두 가까운 위치에 있었지만, 이들 정부에 실망하게 된 사건이 있습니다. 김대중 정부 때 롯데 호텔에서 비정규직 청소 노동자들의 큰 파업이 있었습니다. 이분들은 우리 사회 가장 바닥에서 애쓰시는 분들 아닙니까? 그런데 이분들의 농성을 경찰력을 투입해서 모두 진압해버렸습니다. 이후 저는 롯데 제품에 대한 개인적인 불매운동을 시작했습니다. 세상은 자기 실천으로부터 조금씩 바뀌는 것이기 때문에 이러한 실천들이 중요합니다. 다시 노동에 대한 정권의 태도 이야기로 돌아오면, 노무현 정권이 당시의 철도 파업에 경찰력 투입으로 대응한 사례만 보아도 김대중 정권과 크게 다르지 않다는 것을 알 수 있습니다.

일부 진보 세력이 이야기하는 것처럼 국가가 모든 것에 책임지고 나서야 한다는 이야기를 하는 것은 아닙니다. 앞에서 말씀드렸지만, 시장과 경쟁은 좋은 것이고 필요한 것입니다. 사회에는 균형을 이루는 여러가지 힘이 필요합니다. 정부에게 경제운영의 모든 것을 맡기는 것은 위험합니다. 정부를 움직이는 관료들은 흔히 말하는 대로, '영혼이 없습니다'. 그러다 보니 결국 청와대, 권력자에게 봉사하게 됩니다. 그보다 더 배후에는 재벌이 존재하고 있죠. 지방에는 지방 토호들이 있고요. 관치경제는 결국 가진 자들의 영향력 아래서 놀아나게 됩니다. 시장 원리에 의해, 좋은 아이디어를 가지고 열심히 일하는 사람이 정당한 보상을 얻을 수 있도록 해야 합니다. 경쟁을 통해 시장이 인정하는 가치를 제공하는 사람에게 자원이 분배되는 것이 옳습니다.

다만 과도한 경쟁으로 사회적 약자들이 죽음에 이르도록 내몰리는 것을 막아야 하기 때문에 정부가 나서서 시장을 보완해야 한다는 것입니다.

과잉 경쟁을 규제하고 약자를 보호하는 정책이 필요합니다. 이것이 바로 경제민주화의 골자입니다. 왜 경제 '민주화'일까요? 정부가 시장을 규제하고 보완하는 과정이 민주적인 절차에 의해, 투명한 법과 제도에 입각해서 이루어지기 때문에 경제 '민주화'라고 하는 것입니다.

그런데 세계적인 신자유주의가 IMF를 통해 한국에도 강력한 압력을 가하면서 사회가 시장만능주의로만 나아가게 됐습니다. 기득권의 저항에 의해 재벌개혁, 노동개혁, 사회복지와 같은 경제민주화 아젠다들은 조금밖에 진전되지 않았는데, 관치경제를 청산하기 위한 시장화만 과도하게 진전이 된 것이죠. 민주 정부가 들어선 이후 십몇년간 노동, 복지 등과 관련된 립서비스는 많이 했지만 실제로 진행된 것은 민영화, 노동시장 유연화 등의 시장화뿐입니다. 그 결과로 사회의 양극화가 심각해진 것입니다.

앞에서 말했던 낙수효과로 인해 과거에는 양극화의 힘이 존재하고 있어도 덜 드러났지만, 이제는 자본축적이나 선택과 집중전략을 사용한 모방전략이 더 이상 작동하지 않는 시대이기 때문에 양극화가 드러나게 됩니다. 과거에는 잘 나갔을지 몰라도 이제는 낡아서 잘 움직이지 않는 자전거를, 자꾸 페달을 밟아 속력을 내려고 하다가 자전거가 부서져버린 게 외환위기입니다. 양극화는 점점 심화되고, 나라에서 좋다는 것은 다 했다는데 살기는 더 힘들어지니까 나중에는 이명박 정권이 탄생하게 된 것입니다. 등록금 인상, 집값 폭등 같은 현상들은 노무현 정부 때 가장 심각하게 나타났습니다. 혹자는 "이명박 전 대통령이나 박근혜 대통령은 악이고 노무현 전 대통령은 선이다"라고 말하는데, 세상사는 그렇게 단순한 것이 아닙니다. 김대중 정부와 노무현 정부에게 당시 소득계층 하위 50%가 많은 표를 주었습니다. 하지만 삶이 나아지는 게 없었죠. 그래서 더 이상은 안되겠다고 판단한 이들이 표를 이명박, 박근혜 정부에 준 것입니다. 저소득층이 지지하는 곳이 언제나 정권을 잡아 왔습니다. 하지만 이들에게 진정성 있는 정부가 아니었습니다.

독일의 아우토반을 예로 비유를 들어봅시다. 지금은 속도 제한이 있지만, 옛날에는 원래 속도 제한이 없었습니다. 길이 좋고 차가 좋으니까 다들 알아서 운전을 하는 거죠. 그런데 왜 지금은 속도 제한이 있을까요? 독일 통일이 이루어지고 동독 차가 많이 들어오면서 속도 제한이 생겼습니다. 동독 차는 성능이 좋지 않아서 속도를 내면 사고가 많기 때문입니다. 길이 좋고 차가 좋으면 규제가 없어도 괜찮지만 길이 구불거리거나 차가 나쁘면 사고가 생기는 거죠. 이명박 정권 때가 우리나라 경제는 똥차고 세계경제라는 길은 위기였던 때죠. 그런데도 무리한 속력을 내니까 사고가 난 겁니다. 국민들이 '이래서는 안되겠다'고 판단했고, 그래서 복지가 국민적 합의로 등장한 것입니다.

제가 우리의 근대화 역사를 이렇게 도식화해 보았습니다. 개발독재 시기와 직선제 민주주의(87년 체제) 시기가 각각 4반세기씩 진행되었는데, 이를 근대화의 1단계와 2단계로 봅니다. 개발독재 시기에는 산업발전이 진행되었고, 민주화 이후에는 시장화와 신자유주의가 진행되었다고 볼 수 있습니다. 여기까지가 2012년까지의 흐름입니다. 이제는 3단계이자 최고의 단계가 시작됩니다. 다시 말해 산업화 시대와 민주화 시대를 거쳐 경제

민주화의 시대로 흐르게 됩니다. 그런데 경제민주화라는 것은 그냥 자동적으로 되는 것이 아니라, 그에 맞는 정치 시스템이 있어야 합니다. 87년 민주화 때도, 97년 경제위기 때도 개혁을 시도했지만 성공하지 않았습니다. 말로만 개혁이 논의됐지, 실질적으로는 이뤄지지 않은 이유는 구조적으로 힘있는 사람들이 저항을 했기 때문입니다. 근본적으로는 직선제 민주주의의 한계라고 볼 수 있습니다. 지지율이 10%에 불과하더라도, 1등이 2등보다 단 한 표가 많을 뿐이더라도 승자가 독식하는 시스템이기 때문이죠. 이런 시스템이 체육관 선거보다야 물론 낫지만, 이런 시스템에서는 돈 많은 엘리트 권력에 의해 권력이 장악되기 때문에 경제민주화가 이뤄지기 쉽지 않습니다.

미국도 우리나라와 같은 시스템이죠? 지금 셧다운 됐지 않습니까. 미국의 경제학자 크루그만이 쓴 글을 읽다보니 이런 이야기가 있었습니다. 유럽은 좀 다릅니다만, 미국은 전통적으로 자유주의에 대한 신념이 강합니다. 그런데 최근 서베이를 했더니 사회주의가 좋다고 한 사람들이 절반이나 나온 겁니다. 크루그만이 말하길, 이 결과는 다 공화당 덕분이라는 겁니다. 오바마 정부가 의료보험 등의 정책을 시행하려는데 공화당이 이것을 계속 사회주의라고 부르며 공격하니까, 사람들은 사회주의가 좋은 것이라고 생각하게 됐다는 것이죠. 이러한 상황들은 정치적 프로세스가 포획되어 있는 것이라고 평가할 수 있습니다. 승리해서 기득권을 얻기 위해 수단과 방법을 가리지 않고 정치적 프로세스를 포획해 놓는 것입니다.

우리가 존경하는 김문수 선배께서 학생운동, 노동운동을 하시던 분인데 완전히 변절하지 않았습니까? 그래서 "당신이 어떻게 그럴 수가 있느냐?"라고 물었더니, "정치인에게 당선과 낙선은 천국과 지옥의 차이다. 그래서 그럴 수밖에 없었다"라고 대답했다고 합니다. 앞서 이야기한 축구 게임 기억 나시죠? '게임에서 지면 다 죽인다'고 하면 심지어 칼도 뒤에 하나씩 숨기고 게임을 하게 되는 겁니다. 정치인들이 검은 돈이든 무엇이든 손 벌리기 쉽게 됩니다. 그래서 전 세계적으로 부의 집중이 일어나지 않고 경제민주화가 되어 있는 나라들은 승자독식체제가 아닙니다. 독일에서는 비례대표로 해적당도 나왔습니다. '카피레프트'를 주장하기 위해 학생들이 놀이처럼 당을 만든 것인데 의석이 나와서 당을 만든 학생들도 깜짝 놀랐죠. 지금 한국에서는 이런 일이 일어날 수가 없습니다. 표를 얻기 위해 박 대통령이 경제개혁, 경제민주화를 하겠다고 공약했지만 결국 '국민 여러분, 돈이 없습니다'라고 입을 씻지 않습니까. 경제민주화가 가능한, 적합한 정치 시스템 – 이를테면 합의제 민주주의 – 이 필요한 것입니다. 앞으로 정치 시스템을 합의제 민주주의 방향으로 개혁하고 그 토대 위에서 진정한 경제민주화를 이루어내는 것이 우리가 가야할 길입니다.

이상으로 한국의 경제성장과 경제민주화의 역사적 흐름을 짚고, 이를 통해 앞으로 나아갈 방향이 어디인가를 생각해보는 시간을 가졌습니다. 여기서 강연을 마치고 질의응답 시간을 갖겠습니다.

O&A
질의응답시간

Q: 우리나라의 소득 불평등이 심각한 수준이라고 말씀하셨는데요, 중국같은 나라의 양극화도 상당히 심각한데 이들 나라와 한국을 어떻게 비교할 수 있는지요? 통계청이나 언론에서 발표하는 지니계수 비교를 보면 한국이 다른 나라에 비해 아주 심각한 수준은 아닌 것 같습니다.

A: 여러 나라의 소득분배 정도를 비교하는 통계치들은 매우 부정확합니다. 각 나라마다 불평등도를 측정하는 여러 지표가 있을 뿐더러, 각 나라마다 복잡다기한 분배의 양식을 하나의 지표로 요약하는 것도 어려운 일입니다. 또 어떤 지표를 사용하는가에 따라서 비교 결과가 달라질 수 있습니다. 말씀하신 지니계수가 가장 많이 사용하는 지표입니다만, 이 지표는 제3세계로 가면 정확한 통계치를 얻기 어려워서 주로 OECD 국가만을 대상으로 측정, 비교합니다. 이런 식으로 빈곤이나 소득분배를 측정하는데, 두 가지 기준이 있습니다. 하나는 시장 활동의 결과로 얼마를 벌었는가를 측정하고, 다른 하나는 가처분 소득을 측정하는 것입니다. 가처분 소득은 정부에서 가져간 세금을 제하고 남은 돈에 정부로부터 받은 돈을 합한 금액, 즉 재분배가 일어난 이후의 소득입니다. 그래서 시장 소득과 가처분 소득은 다릅니다. 시장 소득으로만 보면 우리나라의 불평등 정도는 OECD국 중간 정도에 해당합니다. 그러나 가처분 소득을 기준으로 보면 우리나라의 불평등 정도는 그보다는 훨씬 심각합니다. 우리나라는 재분배

가 거의 일어나지 않기 때문에 그런 것입니다.

　게다가 우리나라의 불평등은 지표로 드러나는 것보다 더욱 심각합니다. 통계청이 조사, 발표하는 한국의 소득분배 통계는 신뢰성이 상당히 낮습니다. 고소득층의 소득 파악률이 매우 낮죠. 국세청의 조사는 보다 정확합니다. 국세청이라고 모든 것을 다 파악하는 것은 아니지만, 사람들이 소득을 신고할 때 통계청보다는 국세청에 더 사실에 근접한 소득을 신고하기 때문이죠. 그런데 그동안은 국세청이 이 소득 정보를 공개하지 않아 알 수가 없었습니다만, 최근 자료의 일부를 조금씩 제공하여 이에 대한 연구들이 작년부터 나오고 있습니다. 이 연구들을 살펴보면, 우리나라는 시장소득을 기준으로 보아도 불평등 정도가 매우 나쁜 쪽에 속하고 있습니다. 더욱 놀라운 것은 미국처럼 상위 1%에 대한 소득의 집중도가 매우 빠른 속도로 오르고 있다는 것이죠. 경제성장은 일어나고 있을지 몰라도, 실질임금은 계속 정체되어 있습니다. 경제성장을 통해 얻은 이득을 상위 계층이 모두 가져가는 것입니다. 미국도, 한국도 같습니다. 그래서 단순히 정부 통계청의 통계만을 가지고 판단하는 것은 섣부른 것입니다.

　Q: 민주화가 경제발전에 꼭 필요하다고 말씀하셨습니다만, 제 주변에서는 민주화 이전의 경제발전은 필요악이었다는 생각이 팽배해 있습니다. 현실에서 민주화와 경제화를 함께 이룩한 사례가 없기 때문에 더 그런 것 같습니다. 선생님께서 민주화와 경제화를 함께 이룩한 사례가 있는지 말씀해주시면 감사하겠습니다.

A: 그렇습니다. 한국의 박정희도 그랬고, 싱가폴의 이광요(리콴유)도 그랬지요. 그래서 이 사례들이 독재를 통해 효율적으로 경제발전을 한 것이 좋은 전략이었다는 주장의 근거로 사용됩니다. 중국도 경제성장 과정에서 탄압되는 인권을 이야기하면, '원래 아시아의 경제발전은 그렇게 되는 것이다'는 식으로 대답합니다. 그러나 사회과학은 자기 생각을 주장하기에 편리한 몇 가지 사례만을 들어 이야기하면 안됩니다. 이 주제에 관한 계량경제학 연구들이 수없이 많습니다. 민주화와 독재 중 어떤 체제가 경제발전에 유리한 것인지에 대한 연구들 말입니다. 그런데 놀라운 것은, 이 연구들의 결론이 시대의 흐름, 세상의 분위기에 따라 왔다갔다 한다는 것입니다. 1970년대까지는 미국이 'Strong Man' 정책으로 산유국이나 다른 개도국들에 친미독재정권을 만들어 지원했습니다. 민주정권을 만들어서 차베스 같은 인물이 나오면 미국의 이익을 취하는 것이 복잡해지니까, 비밀경찰을 지원하며 독재를 지지했지요. 이러니 학자들도 경제발전에 독재가 유리하다는 이야기를 합니다. 하버드 대학의 헌팅턴 교수는 군대를 야만국가와 구별되는 문명국가의 현대적 조직이라고 말했죠. 그러나 1980년대에 이르러 남미와 아시아를 비롯한 전 세계에 민주화 바람이 불자, 학자들의 연구 결과도 민주화를 지지하는 쪽이 대세가 됩니다. 'Data Torture'라는 말이 있을 정도로, 연구들 중에는 원하는 결론을 세워놓고, 그 결론에 맞는 분석 결과가 나올 때까지 데이터를 가공하는 경우가 있습니다.

국민의 목소리를 정말로 정책에 반영하는 실질적 민주주의의 정도를 측정해보면 민주화가 경제발전에 압도적으로 도움이 된다고 봅니다. 저는 이러한 관점에서, 북한도 민주화만 되면 굉장히 빠른 시간 안에 잘 사는 나라로 성장하도록 할 수 있다고 봅니다. 런던은 산업혁명 시기에 토착인구가 오히려 줄어들었습니다. 어린 아이들이 밥 먹을 시간도 없이 하루 15시간씩을 서서 일을 하다보니까 어른이 채 되기도 전에 죽어버리면서 재생산이 되지 않았기 때문입니다. 재생산되는 인구는 줄어들지만 농촌에서 자꾸자꾸 사람들을 끌어오니까 런던 인구는 늘어났지만요. 밀 같은 사상가들이 나서서 아동노동을 보호해야 한다는 목소리를 내니까, 공장주들이 '이건 시장 규제다'라고 난리를 쳤습니다. 이렇게 어린 아이들까지 착취해서 이뤄낸 경제성장률이 1%였습니다.

그런데 제2차 세계대전 때에는 전쟁 상황인데도 경제사정은 물론이고 기대수명도 오히려 늘어났습니다. 왜 그랬을까요? 전쟁을 하면 가진 자들이 가진 것을 완전히 숨겨둘 수가 없습니다. 나라 전체가 전쟁을 치뤄야 하니까 대중을 위한 정책들이 시행되고 돈이 풀리기 시작하는 것이죠. 그래서 오히려 경제가 더 좋아집니다. 또 루즈벨트 대통령의 뉴딜 개혁이나 사회 민주주의 전환 등이 오히려 압도적인 경제성장률을 가져왔습니다. 민중을 위한 정책이 경제성장에 더 도움이 된다는 것이죠.

Q: 우리사회를 승자 독식 사회에서 실질적 민주주의인 합의제 사회로 바꾸어야 한다는 생각에는 많은 사람들이 공감할 것입니다. 하지만 기득권층, 집권 여당만 보아도 그러한 변화가 과연 가능할지 의문이 들기도 합

니다. 변화로 넘어오는 첫 걸음이 있을까요?

A: 세상은 변하지 않을 것 같아도 변합니다. 제가 여러분 나이 때에는 감옥에 드나들면서, 사실은 제 인생을 포기했었습니다. 이런 체제에 타협을 한 채 살 수가 없으니까 감옥을 드나들면서 살기는 했습니다만, 속으로는 전두환 독재가 무너지리라 상상하지 못했어요. 속으로는 포기했죠. 하지만 보십시오. 결국 무너지지 않았습니까? 바뀝니다. 하지만 쉽게 되는 것은 아니죠. 야당이나 전문가들에게만 맡겨서는 이룰 수가 없습니다. 승자독식 체제에서 주거니 받거니 하고 있을 뿐, 야당도 여당과 마찬가지입니다. 전문가들도 기득권이기 때문에 이들에게 개혁을 맡긴다는 것은 지켜야할 생선을 고양이에게 주는 격입니다. 필요한 것은 일반 국민들이 전문가들이 제시하는 최선의 증거와 논리를 듣고, 논의하고, 판단을 하여 여론을 형성하는 것입니다. 대중의 지혜는 소수 전문가의 판단보다 훨씬 우수한 경우가 많으며, 대중이 만들어낸 여론의 압력은 매우 세기 때문에 변화의 첫걸음을 시작할 수밖에 없게 됩니다.

한국 현대사 : 노동운동과 노동법

이철수 · 서울대학교 법학대학원 교수

우리 삶의 역사적 의미를 되새겨주는 노동법

안녕하세요. 오늘 오신 분들은 학부생들이죠? (대학원생들도 있습니다) 대학원생들도 섞여 있군요. 이과 쪽이신 분도 계세요? (네) 이과에서 공부하면서 이런 데 관심을 가지는 이유가 있어요? (학생 1 : 이유요? 살아가면서 다양한 시각을 얻고 싶어서요. 학생 2 : 저도 이과 쪽 수업만 듣고 교양 정도로 다른 쪽 수업을 들었는데, 다양한 수업을 듣고 싶어서 신청하게 되었습니다) 수업하기 전에 여러분과 제가 탐색전을 하겠어요. 권투로 따지면 잽이죠. 노동이나 노동법이라는 문제에 대해 내게 궁금한 게 있으면 물어보셔도 좋습니다.

노동이란 부가가치 생산의 원천이죠. 좌우의 정치적 입장을 떠나서 노동을 해야 뭔가 만들 수 있었고, 그럼으로써 인류가 발전해올 수 있었습니다. 여러분은 노동에 관심이 있습니까? 여러분은 졸업 후 노동을 하게 될 겁니다. 저 역시 노동을 하고 있고요. 노동법은 가장 적용범위가 넓은 법 중 하나입니다. 여러분들이 졸업 후 사회에 나가면 이른바 경제활동인구가 됩니다. 경제활동인구는 노동자, 자영업자 두 가지로 나뉩니다. 자영업자라 하면 우리 법에서는 상법이나 경제법이 적용될 것이고 노동자라면 노동법이 적용됩니다. 노동법은 우리 생활과 직결되어 있습니다. 여러분의 가족이나 친구들 중 이미 노동자인 사람들이 많이 있죠. 중요한 것은 노동법은 현실반영성, 역사성, 사회성이 매우 높은 법의 하나라는 사실입니다.

노동과 관련되어 최근 이슈 중인 기사로 떠오르는 게 있습니까? (삼성, 통상임금, 전교조 등이 떠오릅니다)

네, 말씀하신 것들 다 노동법에 포함됩니다. 성격이 어때요? 삼성전자의 사내하청문제, 통상임금문제, 전교조. 왠지 양편에 팽팽한 대립이 있는 것처럼 보입니다. 이는 어찌 보면 정권의 속성과도 관련되어 있는 것일 수도 있습니다. 진보적 정권이라면 그냥 넘어갈 수 있는 사안들이지만 노동의 분배, 가치, 인권보다는 경제, 성장 같은 것에 더 중요성을 두는 보수적 정권에서는 그렇지 못하고 있다는 방증입니다. 오늘 오후 전교조 관련 뉴스를 보셨나요. 노동부가 전교조에 법외노조 통보를 하자 전교조가 노동부 조치를 철회해달라는 청원을 했는데, 법원이 전교조 손을 들어줬습니다(2015. 11. 16). 노동부 조치가 부적절하다고 판단한 것이죠. 이렇듯 노동법은 정권의 변화에 따라 많이 요동치는 편입니다. 그만큼 사회성과 역사성이 많이 반영되어 있다고 할 수 있죠.

오늘 강의는 해방 이후 역사 속에서 노동법이 어떻게 진화해 왔는지, 특히 IMF 이후를 주목해서 설명하고자 합니다. 여러분 IMF 때 몇 살이었나요? 유신은 아니요? 80년대 제5공화국은요? 이런 말들은 마치 조선시대처럼 현실에 와 닿지 않죠? 옛날 이야기를 하면 별로 재미가 없으실지도 모르겠습니다. 저도 제가 태어나기 전인 50년대 이야기, 예컨대 한국전쟁 이야기를 듣거나 하면, 마치 조선시대 이야기처럼 들립니다. 별다른 재미를 느끼지 못해요. 그러니 여러분은 오죽하시겠습니까. 하지만 오늘만큼은 거기로 거슬러 올라가 보도록 합시다.

GOD라는 가수는 물론 아시겠죠. 거기 나오는 유명한 가사 "어머님은 자장면은 싫다고 하셨어!"는 기억이 나요? 정말 어릴 때 자장면 먹고 싶었어요. 그렇게 허기진 배를 물로 달래던 세대가 우리 세대입니다. 제가 개띠, 소위 베이비부머 세대입니다. 그때만 해도 우리나라 참 못 살았어요. 당시엔 필리핀이 아시아에서 두 번째로 잘 살았어요. 워낙 자원도 많은 데다, 미국, 네덜란드 식민지 시대를 거치며 서구화된 유산을 지니고 있었지요. 그런 나라가 지금은 제일 못 사는 나라 중 하나에 머무르고 있습니다. 물론 북한보다는 사정이 나은 편입니다. 북한 주민들과 남한 주민들의 평균 신장이 얼마나 차이나는 줄 아십니까? 무려 15cm 이상 차이가 납니다. 원래 해방될 때는 북한 사람들의 평균 신장이 더 컸어요.

20-50 클럽이라는 말 아세요? GDP가 2만 불 이상이면서 인구가 5천만 명 이상인 나라를 20-50 클럽 국가라고 부릅니다. 한국은 지구 역사상

일곱 번째로 20-50 클럽에 가입한 국가입니다. 단지 1인당 GDP가 높다고 강대국이 되는 것은 아닙니다. 아일랜드의 국민소득이 4만 불이나 된다고 하지만 강대국이라고는 하지 않죠? 20-50클럽은 강국의 척도와도 같은 것입니다. 한국은 (순서와 상관없이) 미국, 일본, 독일, 프랑스, 이탈리아, 영국과 어깨를 나란히 하는 국가가 되었습니다. 우리 때만 해도 비행기 한 번 타보는 게 소원이었죠. 꿈의 직업 중 하나가 스튜어디스였을 정도였으니까요. 궁핍한 시기를 거치고 남한이 북한보다 더 잘 살게 된 건 71년도였습니다. 해방 직후에는 북한의 국력이 더 좋았지만, 반 세기만에 지금 정도까지 차이가 난 거죠. 그만큼 한국의 지난 50년은 엄청난 변화와 발전을 이룬 시간이었습니다.

한국의 또 다른 특징이 하나 있습니다. 20-50 클럽의 다른 국가들은 주로 제국주의 국가들이었습니다. 모두 식민지의 자원과 인력을 바탕으로 산업화를 이루어냈고, 그것에 기반하여 오늘날의 부강을 이룩하게 되었죠. 반면 한국의 성장은 온전히 우리 손으로 이루어낸 겁니다. 농업 국가였던 한국은 불과 수십 년 만에 유래 없는 제조업 강국으로 발돋움했습니다. 조선, 반도체, 철강, 자동차 등 그 분야 역시 여러 업종을 망라하고 있습니다. 그리고 지금은 경제성장에 뒤이은 전에 없는 문화적 호황을 누리고 있지요. 서태지의 후예들이 한류 붐을 타고 세계를 누비고 있고, 김연아와 같은 스포츠 스타들도 있습니다. 그러다보니 유신이나 제5공화국 같은 무거운 과거의 말들은 여러분에게 잘 와 닿지 않을 겁니다. 지금은 산업화와 민주화 이후의 시대이기 때문이죠. 하지만 제 세대만 해도 산업화와 민주화의 파란만장한 과정을 직접 경험했습니다. 현재의 산업화와 민주화의 결실들이 어떻게 형성되어 왔는지를 이해하고 우리 삶의 역사적 의미가 무엇인지를 되새겨보자는 의미에서, 오늘 이 자리에서는 노동법에 대해 이야기해보고자 합니다.

한국 현대사와 노동법제의 발전

그러면 본격적으로 우리 노동법제가 어떻게 발전해 왔는가를 살펴보도록 합시다. 노사 간의 대립구도에서 보통 노는 형평성을, 사는 효율성을 중시하게 됩니다. 이 대립 축을 중심으로 삼아 우리 역사 속에서 노동법의 어떤 것들이 변해왔는가를 보겠습니다. 노동법은 1953년에 제정되었습니다. 전쟁의 북새통 속에서 만들어졌죠. 농업 국가였던 당시에는 이렇다 할 노사관계가 없었음에도 노동법 자체는 아주 괜찮게 만들어졌습니다. 일본법을 모방한 데다 법 제정에 반대세력도 없었습니다. 체제경쟁을 하던 북한 역시 노동법을 제정하면서 경쟁적으로 괜찮은 법을 만들게 되었습니다. 하지만 이 법이 이후 구겨지기 시작합니다.

이승만 독재 끝에 4·19 혁명을 맞았으나 1년도 못 갔고, 바로 5·16 쿠데타가 일어납니다. 소위 박정희의 권위주의적 독재에 대한 평가는 분분합니다만, 분명한 것은 그 당시에 산업화를 이루지 않았다면 오늘날과 같은 발전은 없었을 겁니다. 그건 공이죠. 하지만 장기집권은 곧 유신으로 이어집니다. 5·16은 61년, 유신은 72년의 일이죠. 박 대통령이 중앙정보부 수장에게 총을 맞은 10·26사태가 79년의 일입니다. 12·12사태 이후 수립된 제5공화국이 80년대의 정부입니다. 당시 제가 법대 학생회장이었는데, 5월 16일 밤에 학교로 탱크가 들어왔어요. 무시무시한 공포정치의 시기였죠. 그렇게 오랜 기간 독재와 공포정치로 점철된 역사적 흐름이 반전을 맞이하는 해가 87년입니다. 민주화대항쟁이 일어난 해죠. 그때는 노동운동의 조직조차 없었습니다만, 민도가 높아지니 넥타이부대들이 거리로 쏟아져 나왔지요.

일반적으로 국민소득 만 불이 넘어가면 민주화의 욕구가 강해집니다. 삼만 불이 넘어가면 문화적 욕구가 강해지고요. 이만오천 불을 넘어가고 있는 지금 여러분들은 정치보다는 문화에 관심이 있죠. 못살던 시절의 권위주의 정권 이야기는 다른 나라 이야기처럼 들릴 수밖에 없어요. 하지만 우리 현재는 과거의 연장선에서 이루어졌다는 사실을 잊어서는 안 됩니다.

아무튼 87년 민주화 투쟁 이후, 우리 역사는 변곡점을 찍습니다. 공포정치와 폭압정치 하에서 민주주의에 대한 열망을 지닌 민중과 국민이 일어난 것이죠. 정부는 사실상 항복을 했지만, 야권이 분열된 틈을 타 노태우 정권이 들어서며 다시 기만술을 펴게 됩니다. 여기까지가 해방 이후부터 80년대 말까지 간추린 현대사입니다.

노동법의 역사도 이와 흐름을 같이합니다. 일본의 노동법을 모방한 한국 노동법의 맹목적 생성 시기가 지나고, 61년부터 노동법은 구겨지기 시작합니다. 여러 정변과 정권 교체를 거치며 수차례 헌법과 노동법이 개정

되는 일이 벌어지죠. 노동법은 특히 집단적 권리, 즉 파업권을 보장하기 때문에 권위주의적 정권의 1차적 공격 목표였습니다. 사람들이 모여서 소위 저항세력이 되는 걸 두려워했던 것이죠. 그래서 애초에 보장되었던 집회와 시위에 대한 권리가 상당 부분 축소되고 맙니다.

노동법은 노동자의 애환을 다루는 법입니다. 노동법은 크게 2가지로 나뉘는데, 하나는 개별적 노동(근로)관계법, 다른 하나는 집단적 노동(근로)관계법입니다. 여러분이 직장에 들어가면 회사와 표준근로계약서를 쓰는 등 계약관계를 맺습니다. 이게 근로계약을 통한 개별적 관계입니다. 그것 이외에도 직장에 노동조합이 있어요. 이 노동조합의 설립과 단체교섭, 쟁의행위와 관련된 법이 집단적 노동관계법입니다. 단체협약은 개별적 근로계약보다 우위에 있기에, 집단적 노동관계법이 개별적 노동관계법보다 우위에 있다고 말할 수 있습니다. 어쨌든 이 2가지 노동관계법이 나의 회사 생활과 나의 삶의 상당 부분을 결정하게 되지요.

근대 시민법의 3대원리에 대해 알고 있나요. 그 중 하나가 사적 자치의 원칙, 즉 물건 따위를 사고 팔 때 양 당사자가 자기책임 하에 자유롭게 거래하는 원칙이라고 할 수 있습니다. 근대적 노동이 처음 발생했을 때 사용자와 노동자는 이 원칙에 충실했습니다. 하지만 생산수단이 없는 노동자는 자유로운 사적 자치에 맡겨놓은 노동관계에서 약자가 될 수밖에 없었죠. 그래서 법이 사용자의 계약 형성을 제한하게 됩니다. 다들 들어보셨을 법정노동시간은 노동자들이 장시간 노동하는 것을 국가가 후견자적 차원, 노동자 보호 차원에서 제한을 하는 제도입니다. 그런데 개별 노동자와 사용자의 관계를 일일이 규정할 수 없으니 다른 방편, 즉 다수의 노동자가 결성한 노조를 통해 사용자와 규칙을 협상하게끔 한 것이 집단적 권리의 보장입니다. 이는 헌법이 보장하는 것으로, 국가가 국민들에게 노동할 수 있는 권리를 보장해야 한다는 근로권과 같은 것이 이에 속하죠.

요컨대 앞서 말씀드린 개별적 노동관계법은 근로기준법으로, 집단적 노사관계법은 노동조합법으로 대표됩니다. 이 중 후자가 보장하는 권리로는 단결권, 단체교섭권, 단체행동 등이 있습니다. 권위주의적 정권 하에서 이 권리들을 보장하는 노동조합법이 특히 구겨지게 됩니다. 개악되는 과정에는 공통점이 있습니다. 국회가 아닌 비정상적인 입법기구에서 전횡을 저지른 것이죠. 예컨대 61년의 국가재건최고회의, 유신 때의 비상회의, 5공화국의 국가보위비상대책위원회를 들 수 있습니다. 이들은 노동3권과 무관하게 치안유지의 차원에서 노동법을 개악하며 초법적 무질서를 초래했습니다. 형평성이 아닌 효율성을 강조하는 의식에서 보면 집단적 소요는 효율성을 떨어뜨리는 원인입니다. 즉 법 개악을 통해 사용자가 정부의 보호 하에 생산일로에 서서 경제를 살리는 쪽으로 지원책의 방향을 설정한 것이죠. 물론 그게 산업화의 중요 요인이 되기도 하였습니다.

그런데 권위주의 정권은 개별법에 대해서는 원형을 유지하거나 발전시키면서, 집단법에만 규제를 가하는 채찍과 당근 전략을 사용했습니다. 개별법에서는 노동자 보호가 강화되었지만, 집단법만 손을 본 것이죠. 결국 권위주의 정권 하에서 노조활동을 보장하는 집단법이 망가졌습니다. 그런데 개별법은 정부가 아닌 사용자가 부담을 하는 부분입니다. 때문에 우리 사회에서 기업 복지가 상당히 중요해졌습니다. 국민연금과 4대보험 같은 사회보장제도가 제도화되기 전, 원시자본이 거의 없는 우리 사회에서 퇴직금과 같은 기업 복지의 중요성은 상당한 것이었죠. 이것이 효율성 강조 의식에 따른 변화입니다. 이것이 1987년도 노동자대투쟁 이후의 과정입니다. 이후 90년대 초반 시대상황을 보면 세계화 전략을 택해 OECD와 ILO 같은 국제기구에 가입하게 됩니다. 당시 YS 대통령 시기였지요.

87년의 노동법 개정 이후 세계화의 물결 앞에서 노동계와 기업은 서로 상반된 요구를 하게 됩니다. 노동조합에서는 집단적 노사관계 문제를 풀어달라고 요구한 반면, 사용자들은 당근을 너무 많이 주면 세계화 시대에 살아남을 수 없으니 개별법 규제를 풀어달라는 요청을 하였지요. 한편 90년대 초반 한국이 가입하려고 애썼던 OECD는 국가의 경제뿐 아니라 사회제도가 국제적 기준에 얼마나 합치되는가를 중요한 가입기준으로 봤습니다. 그런데 여기서 노동법이 문제가 되었던 것이죠. 다시 말해 내부적으로는 노사의 요청, 외부적으로는 세계화의 요구에 의해 우리 법을 선진화해야겠다는 움직임이 당시에 일어나게 됩니다. 97년의 법 개정은 이 같은 분위기의 결과물이었습니다. 날치기 파동과 같은 우여곡절도 있었지만, 세계화의 변화 속에서 대대적인 노동법 개정이 일어났죠. 그런데 마침 IMF라는 초유의 위기가 한국사회를 휩쓸어 버립니다. 그때부터 우리 사회가 완전히 바뀝니다.

IMF 구제금융 이후 노동법제의 제·개정

개정된 법의 자세한 내용을 설명하기에 앞서, 한국의 노동법이 국제적 기준에 그렇게까지 '미달'하는 것이었는지를 잠깐 생각해보도록 합시다. IMF 이후의 노동법 개정과 그에 대한 학계의 평가를 일별하면, 학자들이 너무 한국을 폄하하는 것 같아요. 많은 학자들이 한국 노동법의 대안으로 아일랜드 모델이나 네덜란드 모델을 이야기합니다만, 사실 유럽 모델이 대단한 것은 아닙니다. IMF라는 국가적 위기를 맞아 노사는 싸움을 잠시 접고 대타협을 합니다. 당시 설립된 노사정위원회는 정부의 우선적 고통 분담, 노사 공정대우, 국가경쟁력 우선이라는 3가지 원칙에 의거하여 110 가지 의제 중 무려 90가지의 의제에 타협하게 되죠. 그 타협안을 살펴보면 이후의 제도적 변화와 가능성이 다 들어 있습니다. "경제가 어려우니 기업 경쟁력 제고를 위해 정리해고를 편하게 하자. 대신 노동조합 활동을 비롯 해 여러 가지 제도 개선을 보장하겠다." 노사 간의 이런 대대적 타협은 유 례없는 일입니다. 아일랜드 모델은 축약하면 그냥 임금협상을 잘 하자입 니다. 우리 노동사의 큰 성과를 지금까지도 과소평가하고 있어요. 당시 김 대중 대통령 당선자는 97년 법 개정에서 미처 풀어내지 못한 문제를 대타 협을 통해 풀어냅니다. 공무원 노조, 교원 노조의 합법화와 같은 노동계의 요구사항, 정리해고 문제와 같은 IMF의 요구사항, 경직된 노동법에 대한 사용자의 개정 요구들이 한꺼번에 정리된 것이죠.

IMF가 소위 국제적 기준에 맞춰 "너희 노동법이 너무 경직되어있다"

는 식으로 내리는 평가가 과연 맞는 건가를 이야기하고자 합니다. 말씀드렸듯 사회성과 역사성을 지닌 노동법은 국가마다 다릅니다. 미국과 영국은 자본의 천국입니다. 영미법 국가에서는 해고를 마음대로 할 수 있습니다. 반면 한국은 어떻습니까. 적어도 법적으로는 마음대로 해고를 할 수 없습니다. 해고를 하려는 정당한 사유가 있어야 하고, 사용자가 스스로 이를 입증해야 합니다. 그러니 미국 입장에서는 우리 법이 너무 경직되어 있는 거죠. 때문에 해고의 부담을 줄이라는 것이 당시의 IMF 요구였습니다. 그렇다면 미국과 우리 법 중 어느 쪽이 보편적인가를 따져봅시다.

대륙법 국가를 비롯한 세계 대부분 국가에서 해고는 정당한 이유가 있어야 합니다. 다시 말해 아메리칸 스탠다드가 글로벌 스탠다드는 아닌 셈이죠. 하지만 당시 IMF 요구는 영미법에 치우쳐 있었습니다. IMF 이후 유명해진 단어인 정리해고란 회사사정에 의해 근로자를 집단적으로 해고하는 걸 말합니다. 개개인의 귀책사유와 무관하게 정부의 실업정책, 경제정책과 맞물린 독특한 방식의 집단적 해고가 경영상의 해고, 즉 정리해고입니다. 김대중 대통령 당선자는 IMF의 요구를 수용해 정리해고가 가능하도록 법을 고치면서 동시에 노동조합의 요구인 교원, 공무원 노조 관련한 것들을 풀어주기로 한 거죠. 영리한 타협이었습니다.

그렇다면 당시의 구체적인 변화내용을 계속 일별해봅시다. '경영상 이유에 의한 해고규정 개정'은 조금 전 이야기한 정리해고를 의미합니다. '파견근로자 보호 등에 관한 법률 제정'으로 넘어가죠. 파견 혹은 불법파견이라는 말을 들어보셨나요? 통상 계약관계라 함은 사용자와 노동자가 계약을 통해 노동을 한 대가로 임금을 받는 것을 골자로 합니다. 즉 이 경우에는 근로계약관계와 사용자의 지휘명령관계가 일치하는 거죠. 그런데 파견은 다릅니다. 파견은 삼각관계라고 할 수 있습니다. 여기에는 파견근로자, 파견사업주, 사용사업주가 등장하지요. 파견근로자는 파견사업주의 직원 – 즉 근로계약관계 – 이지만 일은 사용사업주의 작업장에서 합니다. 지휘명령관계가 분화된 형태, 즉 삼각관계죠. 하지만 파견관계는 중간착취의 우려가 있다는 이유로 이제 금지되었습니다. 사용사업주가 자신이 고용한 노동자가 아닌 파견사업주를 경유해 파견근로자를 쓰니 해고가 자유로울 뿐만 아니라 임금 역시 파견사용자를 거치다보니 근로자에게 갈 몫이 줄어들게 됩니다. 이걸 중간착취라고 해요. 타인의 노동에 개입해 돈을 챙기는 것은 바람직하지 않죠.

파견근로제는 원리적으로 분명 좋은 제도가 아닙니다만, 이걸 법적으로 금지시키니 또 다른 문제가 생깁니다. 파견을 일방적으로 금지만 하다보니 음성적이고 불법적인 사업이나 악덕 사업주와 같은 병폐가 나타났던 거죠. 실제로 많은 나라에서는 이 파견제도를 부분적으로 허용하는 한편 규제를 가하고 있습니다. 한국은 금지일변도에서 98년에 이르러 업종과 기간을 제한해 결국 허용하고 있습니다. 다만 노동계는 여전히 파견에 반대하고 있고, 지금도 법의 존폐에 대한 논란이 많은 실정입니다.

다음은 '임금채권보장법'입니다. 이게 뭐냐면, 사용자가 도산을 하면 노동자는 임금을 어디서 받습니까? 도산이라는 건 집단적 채무 불이행 상태이죠. 사용자가 공장을 닫으면 노동자에게 임금을 지급할 주체가 사라지는 것입니다. 과거에는 불이행한 임금을 받을 길이 없었어요. 이러지 말고 평소 보험을 내서 기금을 만들기로 했습니다. 이 기금을 통해 채권을 만들어 도산했을 때 임금을 거기서 지급하자는 거죠. 일종의 개별자본과 개별근로자의 관계를 총자본과 총근로자의 관계로 전환시키는 사회보험으로 위험을 분산시키는 겁니다. 이걸 이때 도입해요.

'교원노동조합'은 쉽게 말해 전교조 문제에 해당합니다. 80년대 후반부터 전교조는 많은 탄압을 받으며 10여 년 동안 저항해왔습니다. 전교조는 탄압받기 위해 태어난 존재라는 농담도 있었을 정도입니다. 오랜 투쟁의 역사 끝에 98년에 비로소 합법노조로 인정받게 되죠. 그 구체적 내용은 입법체계·조직체계·교섭구조·단체교섭사항·노동기본권 보장의 범위·교섭창구 단일화·노조가입자격·노조전임자관련·교원노조의 정치활동 사항 등을 주요 골간으로 하고 있습니다.

이제 '근로시간 단축'을 살펴봅시다. 여러분들은 1주 40시간 노동시대에 살고 있습니다. 근로시간은 앞으로 더 줄어들 수도 있습니다. 근로시간이 줄어들면 여러 장점이 있습니다. 첫째, 개인의 여가 시간 증대가 있겠죠, 둘째로는 일자리 창출 효과가 있습니다. 소위 잡 쉐어링(Job Sharing), 즉 일자리 공유는 근로시간 단축으로 가능합니다. 제도적으로 단축된 근로시간에 다른 근로자를 고용할 수 있잖아요. 현 정부에서 가장 큰 목표 중 하나로 설정한 것이 고용률 70% 달성입니다. 현재 고용률이 64% 정도 되는데, 이른바 '선진국'이 되려면 70%가 되어야 합니다. 잡 쉐어링은 고용률 신장에 중요한 수단이 될 수 있습니다.

재미있게도 너무 열심히 일만 하는 것은 또 국제적 노동 기준에 반합니다. 70, 80년대 일본이 너무 열심히 일해서 OECD 국가들로부터 핀잔을 들었죠. 요즘은 한국이 근로시간 문제로 국제적인 핀잔을 듣고 있죠. 우리 법령에서 휴가는 일 년에 20일 정도 보장됩니다. 하지만 제대로 다 쓰고 나오는 사람은 거의 없죠. 나중에 회사 들어가시면 괜히 상사 눈치 같은 거 보지 말고 휴가 마음대로 쓰세요. 근로시간 단축의 효과에 어떤 것들이 있는지 말씀드린 것처럼, 휴가 역시 보장된 만큼 쓰는 게 좋습니다. 안타깝게도 우리 휴가 문화는 지금 그렇지 않죠. 우리는 짧은 여름 휴가기간만 갖고 있지만, 유럽에는 여름 한철 동안 바캉스 시즌이라는 게 있습니다. 법에서 보장하는 휴가권을 개별적으로 눈치 보며 쓰는 것이 아니라 집단적으로 사용하는 거죠. 나중에 꼭 휴가를 제대로 쓰기를 바랍니다.

이번에는 '비정규직' 문제를 짚어 보려고 합니다. 여러분 스스로 이미 학교에서 비정규직을 경험해 본 바가 있을 겁니다. 대학원만 해도 인턴, 조교, 연구보조원 같은 비정규직이 많습니다. 한국의 전체 근로자 중 40%가 비정규직입니다. 그런데 흥미롭게도 정규직과 비정규직은 엄밀한 법률 개념이 아닙니다. 정규직의 전형적인 모습은 흔히 아버지들이 전일제로 계약기간이 없이 특정 회사에서 평생 근무하는 겁니다. 비정규직은 이와 반대죠. 계약기간이 명시적으로 존재하는 기간제 근로자가 비정규직의 대표적인 모습이죠. 기간의 제한이 없다는 건 종신고용이 보장되지 않는다는 의미입니다. 또한 파트타이머, 즉 시간제 근로자 역시 기간제 근로자와 마찬가지로 비정규직이죠.

98년 당시 비정규직법이 장안을 소란스럽게 했습니다. 계약기간이 있는 비정규직이 너무 많이 발생했고, 비정규직의 근로조건 역시 정규직에 비해 너무 열악하다는 문제제기가 있었죠. 정규직이 누리던 사내복지제도나 복리후생시설을 비정규직은 누릴 수 없었습니다. 이런 식의 차별을 방지하기 위해 비정규직법이 만들어졌습니다. 주요 골자는 계약기간 2년이 초과하면 무기계약인 것으로 간주한다는 규정입니다. 즉 비정규직으로 2년 이상 같은 직장에 근무할 경우 정규직 전환을 보장한 것이죠. 하지만 실제로 이 규정은 역효과를 불러왔습니다. 사용자들이 비정규직 근로자들을 2년 이상 쓰지 않게 된 것이죠. 기간제 근로자들은 2년 동안 한 직장에서 근무하다 내쫓기게 된 것이죠. 여전히 풀리지 않는 딜레마입니다.

마지막으로 '부당해고 관련제도 개선'에 관한 부분을 살펴봅시다. 만약 여러분이 회사에서 억울하게 해고당하거나 지방으로 발령되는 일을 당할 경우, 다시 말해 휴직, 정직, 해고 등 기타 불이익을 주는 처분을 당할 경우 여기에 대응하기 위한 어떤 방법들이 있을까요. 우선 법적 소송을 걸 수 있습니다. 하지만 법원은 문턱이 높고, 결론이 나는 데까지 시간이 너무 오래 걸리죠. 다른 방법으로는 노동부에 진정을 넣을 수 있습니다. 노동부에는 노동자의 진정을 받아 사용자를 규제할 수 있는 근로감독관이 있어요. 또한 우리 법이 규정하는 노동위원회가 있습니다. 노동위원회 제도가 여러분이 이용할 수 있는 가장 저렴하고, 간편하고, 신속한 방법입니다. 부당해고와 같은 일을 겪는다면 노동위원회에 가서 하소연하는 것이 가장 좋습니다. 노동위원회는 사용자에게 정당한 이유 없는 해고는 부당하며, 노동자를 원직에 복귀시키라는 명령을 하게 되죠.

이러한 우리노동법제의 발전 과정은 다른 아시아국가들도 주목하고 있습니다. 다른 아시아 국가들은 'Look into Korea'라는 말을 곧잘 합니다. 아시아에서는 두 모델이 있습니다. 먼저 체제전환 모델로 사회주의 국가에서 자본주의 모델을 수용하고 있는 중국, 베트남, 몽골 같은 나라가 있죠. 다음으로 산업화 모델로, 한국이 대표적입니다. 한국은 산업화를 거치면서도 다이나믹스를 그대로 간직하는 역동성 속에서 노동위원회, 국가인권위원회 같은 제도들을 만들어낸 경험이 있어요. 다들 부러워합니다. 우리가 가르쳐 줘야 합니다. 여러분들이 아시아적 가치 같은 것들에 관심을 많이 가져야 합니다.

최근의 해석론상·입법론상의 쟁점

20세기 초까지의 시대사조는 전 세계를 강타한 신자유주의였습니다. 영국의 대처, 미국의 레이건 등 서구 지도자들은 신자유주의를 기조로 국가경제를 재편하려 했죠. 이로써 소위 국경없는 무한경쟁시대, 경쟁과 효율만을 강조하는 시대가 시작되었습니다. 그러나 2008년 이른바 미국발(發) 금융위기가 찾아오며 시대사조가 다시 한 번 바뀝니다. 여러분들도 잘 생각해보시면 2000년대 후반부터 시대가 바뀐 것 같지 않아요? 대표적으로 대선 때 박근혜 후보가 경제민주화를 표방하고 나섭니다. 이전의 MB

정권 역시 동반성장 같은 것을 거론하였죠. 이런 건 신자유주의 사조에서 생각할 수 없는 의제입니다. 이는 노벨 경제학상을 받고 세계은행(World Bank) 부총재 지낸 스티글리츠(Joseph E. Stiglitz)가 2008년도 ILO 이사회에서 한 연설에서도 나타납니다. 경제학자인 그가 부의 양극화 문제를 풀고, 지속가능한 성장을 하자고 합니다. 사회적 약자와 취약계층 보호, 사회양극화 해소 같은 것들이 인권보장적 동기뿐만 아니라 경제에 활력을 불어넣기 위해 필요하다는 것이죠. 본디 자유주의의 특징은 야경국가, 즉 국가는 뒤로 빠지고 경제를 시장에 맡기는 시장만능주의입니다. 소위 90년대 초반의 WTO 체제 역시 경제를 무한경쟁이라는 정글의 법칙에 맡기고 거기서 생존하게끔 하는 거였죠. 그러나 미국발 금융위기의 여파는 자유주의적 시장만능주의에 대한 반성을 불러일으키게 됩니다. 이렇듯 신자유주의가 퇴조하면서 새로운 시대로 접어드는 것을 우리는 지난 대선 때 피부로 느꼈습니다.

97년도 IMF 사태와 마찬가지로, 2008년의 문제 역시 노동법과 연결됩니다. 대표적으로 사내하도급 문제가 있습니다. 규제완화와 유연화는 21세기 초반까지 중요한 이슈였습니다. 노동을 유연하게 한다는 말의 의미는 노동자들을 쉽게 자를 수 있게 한다는 뜻입니다. 신자유주의의 화두는 규제완화와 유연화라고 말할 수 있습니다. 신자유주의 시대사조에서는 세계화된 시장질서가 요구하는 치열한 경쟁 속에 기업 경쟁력을 곧 국가 경쟁력으로 받아들이게 되었고, 기업이 잘 되게 하려면 노동시장 유연화를 보장해야 한다는 논리가 지배적이었습니다. 사람이 많이 필요할 땐 고용했다가, 필요 없을 때는 쉽게 해고할 수 있게끔 하는 것이죠. 전통적인 노동법의 보호(Security) 기능이 기조라면, 신자유주의 사조는 유연성(Flexibility)과 안정성(Security)의 합성어인 유연안정성(Flexicurity)이 기조가 됩니다. 그리고 규제완화란 탈규제, 즉 국가가 미주알고주알 따지지 않고 시장에 맡기는 '작은 정부'를 요구한다는 겁니다. 시장에 맡긴다는 것은 다시 말해 강자가 이익이 되는 세상으로 전환한다는 뜻이기도 합니다. 자유경쟁체제에서 약자는 결국 자유를 억압당할 수밖에 없다는 것은 역사적 사실이 되었습니다.

또 하나, 노동조합 관련입니다. 한국의 노동조합은 대부분 기업별 노조입니다. 이에 반해 외국은 모두 산업별 노조입니다. 산업별 노조가 하나 만들어지면, 개별 기업 노조는 지부가 되는 거죠. 반면 한국은 기업이 단일 노조를 이룹니다. 기업별 노조를 산업별 노조로 바꾸려는 시도 및 논의가 현재 노동조합과 관련된 이슈의 핵심입니다. 기업별 노조는 임금 협상이나 노동시간 단축 협상에는 용이하나 전체 근로자 복지 문제에는 허술합니다. 과거에는 임금이 주된 이슈였지만 지금은 고용안정이 가장 큰 논란거리입니다. 안정적인 일자리를 가지려는 열망이 임금이나 노동시간보다 더 중요해진 것이죠. 고도 성장기의 한국에서는 대부분의 사람이 직장을 어려움 없이 구할 수 있었지만, 지금은 상황이 많이 달라졌죠. 학생들을 봐도 제때 졸업해서 취직하는 사람이 정말 드문 것 같습니다. 모두 열심히 공부하고 취업준비를 하지만, 모두가 원하는 일을 할 수 없는 정말 불행한 세대인 거죠. 민주화와 산업화의 결실을 보고 자랐습니다만 치열한 경쟁 속에 그대로 노출되어 있게 된 것입니다. 한국뿐만 아니라 전 세계적으로 이른바 '고용 없는 성장'이 만연해 있죠. 결국 노동자들의 관심도 돈을 좀 적게 받고 더 오랜 시간 일을 하더라도 안정된 직장을 선호하는 쪽으로 바뀌었습니다. 그런데 안정적인 일자리를 확보하는 문제는 개별 사용자와 노동자가 풀 수 없습니다. 집단적인 이해를 조율할 수 있는 단체가 필요한 사안이죠. 따라서 당연히 기업별 노조보다 산업별 노조가 더 유리합니다. 최근 들어 산업별 노조 설립 논의에 가속이 붙고 있어 기대를 하고 있습니다. 어쨌든 우리는 이 변화를 조직형태의 변경이라고 부를 수 있죠.

사내하도급 문제를 구체적인 사례를 들어서 살펴보도록 하겠습니다. '채병승 사건'이라는 걸 들어봤습니까. '채병승 사건'의 스토리는 이런 겁니다. 이 사람이 사내하청업체 직원으로 현대차에서 근무하다 그만두게 됩니다. 그런데 하청업체가 아닌 현대를 상대로 부당해고구제신청을 한 겁니다. 하청업체 직원이 왜 현대를 상대로 소송했느냐, 그 스토리가 꽤 복잡합니다. 아까 파견에 대해 이야기한 바 있습니다만, 98년도에 업종과 기간의 제한을 두고 파견근로제가 허용되었습니다. 즉 법에서 정한 업종이 아니라면 파견근로자를 못 쓰는 거죠. 그런데 한국의 많은 기업들이 묘하게 법망을 피해 파견근로를 사용해 왔습니다. 현대자동차에서 자동차를 생산하는 컨베이어 라인에는 현대 직원만 근무하는 게 아닙니다. 차 한 대를 만드는 데 약 이만 개의 부품이 든다고 하는데, 이 부품들 역시 모두 현대에서 만드는 건 아니죠. 그러나 물품을 도급하는 것에는 아무런 문제가 없지만, 근로자의 사내하도급은 문제가 됩니다.

컨베이어 라인에서 자동차가 만들어지는 과정은 색을 칠하는 도장공정, 부품을 박는 의장공정 등이 하나의 컨베이어로 돌아가는 여러 단계의 공정으로 이루어집니다. 그런데 라인의 노동자 중 30%는 현대 직원이 아닌 사람들, 즉 도급업체의 직원들입니다. 도급직원들은 심지어 입사하자마자 법적으로 현대의 자동차 공정에서 일하는 경우도 많습니다. 때문에 자동차 문을 다는 공정에서 오른쪽 문은 현대직원이, 왼쪽 문은 사내하청이 담당하는 웃지 못 할 일도 흔하죠. 하는 일은 같지만 현대직원과 도급직원은 완전히 구분된 지위에 있습니다. 이런 노동형태 자체는 사내하도급이라는 이름 아래 법적으로 가능합니다. 같은 작업장에서 동일한 공정을 담당하더라도 지휘계통만 구분이 되어있다면 문제가 없는 것이죠. 단 도급직원에 대한 작업지시를 현대가 직접 하는 경우, 즉 현대차에서 지휘명령을 하게 되면 이는 사내하도급이 아닌 파견이 되어버립니다. 다시 말해 도급회사와 수급회사가 도급계약을 맺고 공정에 참여하는 건 얼마든지 가능하며, 수급회사가 기계든 사람이든 아무 것이나 쓸 수 있습니다. 그런데 여기에 지휘명령이 개입되면, 이때는 파견으로 간주되어 규제를 받게 됩니다. 지휘계통의 구분이 있느냐 없느냐에 따라 지위가 달라지는 것이 핵심입니다. 당연히 사측에서는 파견이 아닌 사내하도급만을 쓴다고 하지만, 문제는 사내하도급의 형식을 띤다고 하더라도 실제 공정에서는 지휘명령이 늘 개입될 가능성이 있다는 것이 지금의 쟁점입니다.

채병승 씨는 사내하도급 직원으로 현대차에서 근무를 했습니다. 당시 법은 파견근로자가 2년 이상 근무하게 되면 직접 채용한 것으로 간주하였습니다. 파견을 항시적으로 유지하는 것을 막기 위해서 만든 규정이죠. 하지만 파견이 아닌 사내하도급은 이런 규정에서 비켜나서 한번 하도급 근로자가 되면 그만둘 때까지 하도급 근로자로 남아있습니다. 하도급 근로자였던 채병승 씨는 실제 작업명령체계에 현대가 개입했다고 주장하며 자신을 해고한 것이 도급업체가 아닌 현대차이며, 따라서 현대차에 보상금을 요구하고 나선 것입니다. 긴 소송 끝에 법원에서는 채병승 씨의 사례가 사내하도급 외양을 갖췄지만 실질적으로는 파견이라는 결정을 내립니다. 보상금 액수도 8억으로 상당했지요. 기업 입장에서 문제는 채병승 씨와 같은 하도급 근로자의 수가 적지 않다는 데 있습니다. 현대차의 4만 명 근로자 중 1만 명이 여기에 해당되죠. 이들이 모두 소송을 걸어 승소할 경우, 보상금 액수는 수 조원에 이르게 됩니다.

두 번째로 통상임금 문제를 보다 구체적으로 이야기해볼까 합니다. 우리는 임금에 대해 얼마나 알고 있을까요. 임금은 가장 중요한 생계자원이기 때문에 잘 알고 있을 필요가 있습니다. 또한 지금 임금과 관련되어 어떤 일이 벌어지고 있는지에 주목해야 합니다. 한국 회사에서 임금을 받으면, 예컨대 연봉을 삼천만원 받는다고 했을 때 간단하게 주급 또는 월급 단위로 나눠서 주는 게 아닙니다. 임금 테이블을 살펴보면 정말 요란스럽습니다. 거기에는 기본수당에 더해서 각종 수당들이 다 들어가 있죠. 이게 과연 임금의 범주에 들어가는지부터 헷갈릴 정도입니다. 예컨대 유류티켓, 이거 임금일까요? 결론부터 말하자면, 법적으로는 다 임금으로 들어갑니다. 참 재미있는 부분이에요. 경영적 관점에서는 임금으로 나가나, 유류티켓으로 나가나 다 똑같은 돈에 불과하지만, 각종 수당들을 모두 임금으로 규정하게 되면 골치가 아파집니다. 현행법상 임금에 관해서는 여러 가지 규제가 가해지고, 임금의 정확한 지급을 위해 보호조치가 취해지기 때문이죠. 또 회사가 가입하는 여러 보험들 역시 임금을 기초로 해 보험료가 책정되지요. 그러니 사용자는 임금이 아닌 다른 방식으로 급여를 주고 싶을 것이 당연합니다. 이 문제를 자세히 알아봅시다.

우리 임금체계가 왜 이렇게 복잡한가의 근원에는 임금가이드라인 정책이라는 것이 있었습니다. 산업화 이후 고도 성장기를 거치며 경제적 성과의 배분 문제가 제기되었습니다. 그러나 고도성장이 유지되기 위해서 물가안정 역시 매우 중요했지요. 때문에 정부는 임금억제정책을 씁니다. 임금을 한 자리 수까지만 올리라는 지침을 내렸던 거죠. 물론 이 지침에 법적 구속력은 없었지만, 권위주의 정권 하에서 이를 어겼다간 괘씸죄에 걸려 세제나 금융상의 불이익을 받을 위험이 있었던 거죠. 그러다보니 사용자들은 임금인상의 요구와 정부 지침 사이에서 문제를 해결하기 위해 임금 아닌 방식으로 다른 수당들을 지급하기 시작합니다. 이후에 자녀학자금, 명절상여금, 의료비지원금, 유류티켓 같은 40여 가지 각종 수당들이 쏟아져 나옵니다. 최근에는 이런 수당들을 영어로 PS(Profit Sharing), PI(Productivity Incentive) 같은 이름으로 지급하기도 합니다. 자, 여기서 이걸 임금으로 규정하느냐 마느냐하는 문제가 생깁니다. 이건 어느 정도 해결되었습니다. 이제 법원에서 웬만한 수당들은 모두 임금으로 규정합니다. 예컨대 축의금이나 실비변상 같은 것만 아니면 다 임금입니다. 임금성에 관한 논란은 이제 줄어들었다고 할 수 있습니다.

그런데 여전히 논란이 되고 있는 것은 통상임금에 관한 규정입니다. 우리 법에는 임금 개념에 평균임금과 통상임금이라는 두 도구 개념이 있습니다. 평균임금은 흔히 쓰는 임금개념과 같습니다. 평균임금은 퇴직금을 계산하거나 보험급여를 계산할 때 쓰는데, 최종 3개월 치 임금을 기초로 평균임금을 계산합니다. 한국의 임금은 흔히 근속연수에 따라 임금이 상승하는 연공서열형이지요. 물론 최근의 연봉제는 다른 경우도 있습니다만, 일단 호봉제를 기준으로 이야기합시다. 호봉제에서는 퇴직금 계산할 때, 퇴직하는 날로부터 최종 3개월분의 임금을 평균 계산해서 그걸 토대로 퇴직금을 지급하는데 이때 최종 3개월간의 평균 계산된 임금을 평균임금이라고 부릅니다.

이제 두 번째 도구 개념인 통상임금으로 넘어갑시다. 1주 40시간이라는 법정근로시간을 초과하면 임금에 할증이 붙게 되는데, 이걸 가산임금제라고 합니다. 연장근로수당, 야근수당, 휴일근로수당 같은 것들이 할증된 수당에 해당하죠. 할증률은 50%가 적용되는데, 쉽게 말해 법정근로시간 내의 노동의 대가로 시간당 100원을 지급한다면, 야근을 할 경우 시간당 150원을 줘야 한다는 겁니다. 왜 이런 제도를 시행할까요. 가급적이면 밤과 주말에 연장근로를 시키지 말라는 겁니다. 즉 근로시간 단축을 위해 만든 규정입니다. 이때 임금을 계산하는 기초가 되는 것이 통상임금 개념입니다. 통상임금이란 추상적으로 말해 노동의 '가치'를 평가하는 개념입니다. 한 사람의 교육수준이나 능력 같은 것을 계산해서 임금을 산정하는 거죠. 노동의 단가, 노동의 가치가 개입되는 개념입니다. 문제는 기본급에서는 계약을 통해 노동의 가치를 반영할 수 있지만, 앞서 언급한 여러 가지 수당의 경우에는 어떻게 계산하느냐하는 겁니다. 떡값과 같은 수당은 노동 가치에 기초해야 하는가? 한다면 어떻게 계산할 수 있는가? 때문에 통상임금은 해석론적 탐문 과정의 산물이라 할 수 있습니다. 그런데 이 과정에서 법원과 행정의 차이가 현격합니다. 법원의 통상임금 해석은 계속 진화를 해왔지만 행정의 노동부 예규는 과거에 그대로 머물러 있습니다.

'임금이분설'이라는 말이 있어요. '임금이분설'이란 98년 판례가 있기 이전의 대법원 해석이었습니다. 임금에는 2가지 종류가 있다는 말이죠. 다시 말해 근로를 제공함으로써 대가로 지급되는 임금이 있고, 그것과 무관하게 종업원 신분에서 나오는 임금이 있다는 겁니다. 전자를 교환적 구분이라 하고, 후자를 보장적 구분이라고도 부릅니다. 90년대까지만 해도 한국 법원은 교환적 구분만 통상임금 계산에 포함된다는 입장이었습니다. 하지만 90년대 후반부터는 이걸 뒤집어 교환적 구분과 보장적 구분 둘을 하나라고 봅니다. 즉 떡값까지도 통상임금의 개념에 포함시키는 것이죠. 통상임금의 외연이 넓어지는 거죠. 이렇게 법원의 통상임금 해석과정이 계속 진화해온 반면 행정, 즉 단적으로 많은 사용자들이 따르는 노동부의 예규는 전혀 변화하지 않았습니다. 20년이 지나도 행정은 예전의 해석방식에 머무르고 있는 것이죠.

현대자동차 직원의 평균 연봉이 1억 1천만원 정도 된다고 합니다. 그런데 1억 1천만원에서 기본급은 3천만원 밖에 안 됩니다. 나머지는 그럼 어떻게 되느냐. 초과근무수당이 한 2천 5백, 고정상여금이 한 3천, 특별상여금이 한 3천만원 정도 됩니다. 이때 고정상여금이란 흔히 말하는 보너스 같은 거죠. 이에 반해 특별상여금은 경영성과가 좋아서 사후적으로 지급하는 수당입니다. 이건 임금에 포함되지 않습니다. 통상임금 문제에서 논란이 되는 건 고정상여금이에요. 기업에서는 이걸 통상임금에 포함되지 않는다고 단정을 해버렸습니다. 그러나 2010년도에 법원에서는 이것도 포함된다고 판결을 해버렸습니다. 그래서 초과되는 임금을 지급하려면 현대자동차에서만 약 4조원의 돈이 든다고 합니다.

그런데 과거의 해석에 머무르고 있는 노동부 예규로 계산하면 현대 근로자들의 통상임금, 즉 노동 가치를 따진 실질적 임금은 기본급 3천만원밖에 안 됩니다. 하지만 법원 판례대로 고정상여금을 통상임금에 포함시키면 달라지죠. 이 문제는 아직 결론이 내려지지 않았습니다. 작년만 해도 소송이 120여 군데에서나 터져 나왔습니다. 충분히 정치적 쟁점화가 될 가능성을 안고 있는 문제이기도 하죠. 하지만 분명한 건 통상임금 문제는 정치나 경제 부처가 아닌 전문가들이 봐야할 문제이고, 노동부 예규의 해석에 집착해서도 안 되는 문제라는 겁니다. 안타깝게도 경제계나 언론에서 이데올로기적 공세를 펼치며 규범적 판단에 입각해 이 문제를 다루고 있습니다.

마치며

지금까지 법률적 관점에서 노동문제를 바라보았습니다. 시간관계상,

또 노동법이라는 주제의 어려움 때문에 미처 다루지 못한 내용들이 많이 있습니다. 더 많은 내용을 알기 원하는 분들은 제 논문 "IMF 구제금융 이후의 한국의 노동법제 발전"을 참고하시길 바랍니다. 혹시 관련 문헌을 살펴보다 잘 이해되지 않는 부분이 있거나, 앞으로 노동문제에 대해 상담이 필요하면 언제든지 메일로 연락하기 바랍니다.

한국자본주의 발달사

김수행 · 서울대학교 경제학과 명예교수

반갑습니다. 오늘 다룰 이야기는 한국 자본주의 발달사입니다. 인류 역사의 한 단계로서 본 자본주의 사회는 정치적 민주주의를 기반으로 자본가 계급이 임금 노동자 계급을 착취하는 사회형태입니다. 임금 노동자들이 온갖 자유와 사회적 생존권을 보장받은 조건에서 자본가들이 서로 경쟁적으로 더욱 많은 이윤을 얻기 위해 온갖 혁신을 도입하는 사회입니다.

한국 사회는 자본주의 사회라기보다는 오히려 '깡패 사회'의 특성이 더욱 강하게 나타납니다. 어떻게 이렇게까지 되었는지 놀라울 지경입니다. 흔히 한강의 기적 운운하지만 이런 자본주의는 처음 봤습니다. 모두들 이 사회에 대해 김이 빠진 것 같습니다. 다들 이 사회에 '멘붕'한 것 같습니다. 이 사회는 재미가 없고, 망할 수밖에 없다는 생각이 큰 거죠. 우리가 이 사회를 볼 때, 앞으로 어떤 사회로 나아갈 수 있느냐가 과거보다 더 중요합니다. 따라서 '지금 이 사회가 어디로 가야하는지'를 살펴보고자 합니다.

마르크스는 『자본론』 3권에서 봉건 사회의 단계를 구분했습니다. 봉건 사회가 망해서 자본주의 사회가 되는 과정을 단계적으로 분석했다는 겁니다. 다시 말해 자본주의 사회를 구성하는 요소들이 어떻게 봉건 사회에서 나타났느냐에 따라 봉건 사회의 단계를 구분한 겁니다. 역사학자들이 말하듯이, 역사를 보는 눈은 결국 보는 이의 눈에 달려 있습니다. 마르크스는 『자본론』에서 기본적으로 자본주의 사회를 분석하고자 했습니다. 자본주의 사회의 기본구조란 자본가 계급이 노동자 계급을 착취하고 억압하는 것이었죠. 당연히 자본가 계급과 노동자 계급이라는 요소가 어떻게 탄생했느냐를 봐야 했습니다.

주류 경제학은 역사에 대한 개념이 없습니다. 주류 경제학은 인간의 본성을 이기적이라고 믿습니다. 자본주의는 이기적인 인간의 본성에 따른 자연스러운 결과라는 것이죠. 주류 경제학에서 인간의 본성은 결코 변하지 않으므로, 인간의 역사 역시 처음부터 끝까지 자본주의 하나로 설명되는 거죠. 이건 말이 안 되는 겁니다. 인간의 역사 속에는 노예 사회도 있었고, 봉건 사회도 있었고, 자본주의 사회도 있었죠. 이렇듯 역사는 고정된 것이 아니라 움직이는 겁니다.

마르크스는 다음과 같이 역사를 구분한 바 있습니다. 부족 단위의 집단생활이 전부였던 어떤 사회가 있습니다. 이 사회가 자신의 문제점에 직면해 극복하지 못하고 다른 사회로 이행해 갑니다. 그러다 노예 사회가 발생했습니다. 노예 사회 역시 잘 가다가 문제가 생기자 봉건 사회로 넘어가게 됩니다. 봉건 사회 다음에 드디어 자본주의 사회가 오게 되죠. 마르크스는 기본적으로 인류사회를 계급 사회로 보고, "인류의 역사란 계급투쟁의 역사"라고 말합니다. 노예 사회에서는 주인과 노예의 투쟁, 봉건 사회에서는 영주와 농노의 투쟁, 자본주의 사회는 자본가 계급과 노동자 계급의 투쟁이 가장 중요한 특징이라는 것이죠. 자본주의 사회 역시 어느 정도 존속하다가, 계급투쟁 끝에 결국 무너지게 되고, '새로운 사회'가 오게 되지요. '새로운 사회'란 노동자 계급이 자본가 계급을 타도하며, 사회에서 억압과 착취를 제거함으로써, 노동자 계급과 자본가 계급이 모두 '해방되어' '자유로운 개인들의 연합'(자개연)이 생기는 것을 말합니다. 소련 사회나 북한·쿠바 사회를 뜻하는 것이 아닙니다. 그것은 마르크스가 생각했던 새로운 사회, 미래 사회와는 다릅니다.

자본주의 사회의 특성을 계급 간 투쟁으로 생각한다면, 봉건 사회에서 자본주의 사회로 이행하는 과정에서 두 계급이 형성되어야 합니다. 그래야만 두 계급의 투쟁을 자본주의 사회의 기본 특징으로 삼을 수 있죠. 마찬가지로 봉건 사회의 계급인 영주와 농노의 관계가 점점 약화되고 사라져야 한다는 것도 전제됩니다. 그래서 마르크스는 영주가 농노로부터 잉여노동을 착취하는 방법이 어떻게 변화했는지를 살펴 보았습니다.

처음에는 농노들에게 부역, 즉 노동을 시켰습니다. 봉건 사회에는 장원이라는 것이 있었죠. 장원은 영주의 지배 아래 있었고, 농노들은 그 안에서 땅을 소유하지 않고 점유하고 있지요. 또 공유지라고 해서 영주나 농노 모두 가축을 키울 수 있는 곳이 있었죠. 처음에는 1년 동안 예컨대 100일은 영주 직영지에서 공짜로 일을 하라는 식으로 부역을 시켰습니다. 그 다음 단계가 부역보다는 생산물을 영주에게 바치는 현물지대였습니다. 현물지대는 이윽고 생산물 대신 화폐로 바치는 화폐지대로 바뀌었죠. 마르크스는 봉건 사회가 이런 단계의 변화 과정을 거쳤다고 봅니다.

이 과정은 다시 말해 영주와 농노 사이의 관계가 느슨해지는 과정입니다. 예를 들면 어떤 영주가 1년에 농노 한 사람에게 만원을 바치도록 강요했다고 칩시다. 그런데 이때 만원을 밀로 환산하면 10가마라고 합시다. 보통 이런 건 한 번 정해 놓으면 굉장히 오래 지속되고, 잘 바뀌지 않습니다. 영국이 홍콩을 100년 간 빌렸고, 포르투갈 역시 마카오를 100년 간 빌렸을 정도로 기간이 길었습니다. 마찬가지로 한번 설정된 화폐지대 역시 쉽게 바뀌지 않았습니다. 그런데 그로부터 4년이 지나고 보니 밀 값이 올라서 만원은 밀 1가마의 가격밖에 되지 못했다고 가정합시다. 만원의 화폐지대를 내는 농노들은 10만원(10가마)에서 만원을 뺀 9만원을 자기의 이득으로 남길 수 있었고, 이 과정에서 부농이 발생하게 됩니다. 이 전체과정, 즉 생산물을 바치는 것에서 화폐를 내는 것으로 바뀌는 것은 상품교환경제, 즉 시장이 발달하는 것과도 관련됩니다. 이로써 영주보다 더 많은 화폐를 보유한 농민들이 출현하게 되고, 봉건 사회에서 자본주의 사회로 이행하는 기초가 만들어집니다.

여기서 알아야 할 것은, 봉건 사회가 생각보다 더 오래 지속되었다는 거죠. 흔히 말하는 절대왕정이라는 것도 봉건 사회의 연장으로 봐야 합니다. 절대왕정이란 뭡니까. 중상주의라고 해서 갖은 방법으로 국가가 '이윤'을 추구했지요. 국가의 허가를 받지 못한 사람은 장사를 못하게 하는 등 온갖 규제와 억압을 가했습니다. £1짜리 금화가 있다고 합시다. 원래 이 금화에는 금이 x그램 들어 있어야 합니다. 그런데 절대왕정은 $0.1x$그램만 넣고 £1라고 통용시키곤 했어요. 이런 식으로 절대왕정은 봉건 사회의 연장으로 온갖 나쁜 짓을 다 했다는 거죠.

절대왕정을 무너뜨린 것이 바로 부르주아 혁명이었습니다. 프랑스 대혁명을 대표적인 부르주아 혁명이라고 볼 수 있습니다. 절대왕정이 무너지며 들어온 것이 부르주아 세력, 즉 시민 세력입니다. 시민 세력은 경제적으로는 자본주의적이면서도, 봉건적인 정치세력들이 몰락한 자리에 들어온 새로운 세력이죠. 부르주아 혁명이라는 것은 집회·언론·결사·출판의 자유가 보장되고, 경제에서는 독점없는 경쟁이 이루어져야 하고, 부정부패가 다 사라지고, 국가가 전국적인 통일을 통해 외세의 지배로부터 해방되는 것을 모두 포함합니다. 자본주의는 이런 성격을 가진 부르주아 혁명을 통해 사실상 성립하는 것이죠. 그래서 자본주의라는 것은 처음부터 봉건 사회보다는 인류 생활에 상당히 적극적이면서도 긍정적인 변화를 일으키고 인류 역사에 큰 기여를 하는 사회입니다. 봉건 사회보다는 자본주의 사회가 낫다는 말의 근거가 여기에 있죠. 경제적 토대 위에 정치, 법, 문화 등의 상부구조가 있을 때, 새로운 자본주의 사회는 봉건 사회와 토대 차원에서 다를 뿐 아니라 상부구조 역시 바뀐다는 말입니다. 자본주의의 속성이란 절대왕정이 무너지며 시민들의 사회가 되고, 투표를 통해 대통령이나 국회의원을 뽑고 하는 것을 모두 포함한다는 말입니다.

제가 한국을 깡패 사회라고 부르는 것은 경제는 세계 10위권이라고 하면서도 앞서 말한 형태의 정치나 민주주의가 전혀 없기 때문입니다. 개념으로서는 우리 사회는 전혀 자본주의 사회에 속하지 않는 것이죠. 달리 부를 것 없이 깡패 사회입니다. 깡패 사회의 여러 가지 예는 신문에서 흔히 볼 수 있죠. 걸핏하면 경찰과 검찰에서 사람들을 출두시키고, 아무 것도 아닌 걸로 사람들을 겁주죠. 이게 말이 됩니까. 대선에서 국정원이나 군대가 의심스러운 선거 운동을 했다고 하면, 대통령이 적극적으로 수사하고 찾아내야지, 이걸 자꾸 물타기를 하면 되겠습니까. 이건 깡패들이나 하는 짓입니다.

또 하나, 자본주의 사회란 자본가 계급과 노동자 계급이 철저하게 구별됨으로써 시작되었습니다. 즉, 자본주의 사회란 처음부터 굉장히 불평등한 사회라는 걸 알아야 합니다. 자본주의 사회가 왜 애초에 불평등한지를 살펴 봅시다. 소위 임금 노동자가 어떻게 생기느냐를 보면 됩니다. 봉건 사회에서는 농노들이 장원의 일정한 땅을 차지하고 자기 가족과 함께 먹거리를 생산하여 살았지요. 그런데 최초의 자본주의 나라인 영국의 역사를 보면, 봉건 사회가 해체하는 과정에서 영주가 그랬든 아니면 대토지소유자가 그랬든 장원 전체를 목양지, 즉 양을 키우는 땅으로 전환시켜버렸습니다. 왜냐하면 당시 모직물 산업이 발달한 네덜란드에서 양털을 대량으로 수요하면서 양털 값이 제법 올랐기 때문이죠. 그러니 영주와 토지소유자가 목양지를 만들기 위해 농민들을 땅에서 쫓아냅니다. 이것이 절대왕정 하에서 일어난 일이었죠.

땅을 빼앗긴 사람들이 도시로 왔습니다. 생활할 수 있는 수단이 하나도 없다보니 임금 노동자가 되었죠. 무산대중, 즉 프롤레타리아트가 바로 이들입니다. 할 수 없이 자신이 가진 유일한 재산, 일할 수 있는 힘인 노동력을 자본가들에게 팔아 임금을 얻어 살아갈 수밖에 없게 된 것이죠. 이 상황은 지금까지도 마찬가지 아닙니까. 사람들이 자꾸 자살하고 야단하는 이유가 뭡니까. 못 살아서 그렇죠. 왜 못 사느냐하면, 자기네가 갖고 있는 노동력을 팔아 재산이 아니라 오히려 짐이 되기 때문입니다. 노동력을 팔아 임금을 받아야만 살아갈 수 있는데 노동력을 못 팔면 살아갈 수 없게 되고, 그래서 자살을 선택하는 겁니다.

이건 좀 다른 이야기입니다만, 제가 성공회대 석좌교수로 2학기에는 보통 〈청소년을 위한 자본론〉을 갖고 마르크스 경제학을 가르쳐요. 서울대에서는 자본론의 현대적 해석으로 마르크스 경제학을 강의했어요. 그런데 서울대생들은 자본가와 노동자를 구별하지 못해요. 학생들은 늘 자본가와 노동자가 평등하다, 평등해야 한다고 주장합니다. 하지만 두 계급이 어떻게 평등할 수 있겠어요. 자본가란 일하지 않더라도 살 수 있는 사람이에요. 자본가와 노동자는 하늘과 땅 차이죠. 돈이 있든, 공장이 있든 무언가 있기 때문에 일 안 해도 먹고 살 수 있는 게 자본가에요. 둘은 처음부터 불평등하다는 것을 잊지 말아야 합니다.

다시 돌아가서, 농부들은 토지를 빼앗기면 먹고 살 방법이 없어요. 토지가 농부들이 자기의 생활수단을 만들어내는 생산수단이죠. 그런데 토지에서 쫓겨나서 도시로 나와 자본가의 공장에서 임금 노동자가 될 수밖에 없었다는 사실은, 임금 노동자는 이제 먹고 살 수 있는 모든 수단(생활수단이나 토지·공장 등 생산수단)을 잃었다는 것을 가리킵니다. 자본가들이 생활수단뿐 아니라 토지와 다른 생산수단인 공장까지도 다 독점하게 되었습니다.

자본주의 사회의 계급투쟁의 근원은 임금 노동자를 생활수단과 생산수단으로부터 분리시켰다는 데 있습니다.

임금 노동자는 노동력을 파는 사람입니다. 왜 '노동력을 판다'라는 말을 쓸까요. 노예 사회에서 노예란 인격이 아닌 물건이었습니다. 그러나 부르주아 혁명을 거친 사회에서는 노동자가 물건이 될 수 없습니다. 이 사회는 모든 사람들이 법 앞에는 같은 인격이며, 평등하다고 전제하기 때문이죠. 따라서, 노예처럼 자기 자신을 파는 것이 아니라 자신이 가진 힘, 즉 노동력을 상품으로서 하루, 한 달, 일 년 동안 파는 것이죠. 임금은 노동력이라는 상품의 가격입니다. 이 가격을 다른 상품의 가격과 마찬가지로, 노동력을 생산하는데 드는 비용(일상적인 생활비)과 같습니다. 당연히 임금이란 생활비를 기준으로 산정했을 때 그 적정수준이 나오게 되겠지요. 그러니 임금을 받아 살아간다는 것이 불가능해지면 어떻게 되겠습니까. 굶어 죽고 말겠죠. 때문에 이러한 형태의 노동이란 결국 '강제 노동'이라는 겁니다. 싫더라도 해야만 하기 때문이죠. 그래서 임금 노동자는 회사 가기를 싫어합니다. 왜 그럴까요? 첫째, 자발적으로 가는 것이 아니라 떠밀려서 가기 때문이죠. 둘째, 노동자의 희생이 모두 자본가의 이윤이 되기 때문입니다. 임금 노동자는 자신의 적을 즐겁게 하기 위해 노동을 하는 사람들입니다. 그러니 얼마나 화가 나겠습니까. 이것이 자본주의의 기본구조이고, 이로부터 계급투쟁이 나오는 겁니다.

새로운 사회란 결국 노동하는 개인들이 주인이 되어야 합니다. 자신의 노동이 생산수단이나 생활수단과 분리되지 않고 결합되어야 하는 겁니다. 예를 들면 어떤 재벌의 큰 공장이 있다고 합시다. 그 곳에는 노동자들이 많이 있겠죠. 이 회사는 아마 주식회사일 것입니다. 주식회사란 자본주의 사회의 기업형태로서는 상당히 발달된 형태입니다. 주식회사에서는 소유와 경영이 분리되어 있다고 하죠. 주식회사란 보통 한 개인의 자본으로는 설립할 수 없는 규모이기 때문에, 주식을 발행해 여러 사람으로부터 '사회의 자본'을 동원하여 운영합니다. 따라서 주식의 소유자인 주주가 회사를 소유하게 됩니다. 반면 경영이란 월급쟁이 사장과 실제 회사조직을 운영하고 상품을 만드는 노동자의 담당이죠. 아무 일도 하지 않으면서 배당만 받는 주주는 다시 말해 불로 소득자입니다. 그들은 회사의 소유자임에도 회사에 나오지도 않고, 나올 필요가 없습니다. 물론 재벌 총수들은 회사에 나오긴 합니다만, 그들이 실제로 회사에 어떤 도움이 되는지는 의심스럽습니다. 그래서 실제로 회사는 고급 노동자인 월급쟁이 사장과, 생산·기술을 담당하는 노동자들이 '점유'하고 있는 상태입니다.

만약 자본주의 사회에서 새로운 사회을 이행하는 과정에서 불로 소득자인 주주들에게 주식을 사회나 회사에 기부하라고 한다면, 결국 노동자들이 회사의 주인이 되는 것이죠. 주인이 된 노동자들은 회사를 공동으로 소유하게 됩니다. 생산수단인 공장과 기계를 공동으로 소유하고, 생산의 결과를 역시 공동으로 소유한다면 노동과 생산수단 사이의 분리를 없앨 수 있습니다. 이 경우 자기 것이 된 공장을 정말 자기 것처럼 다루게 될 것입니다. 노동의 소외란 쉽게 말해 노동이라는 것이 아무 재미도 없어지는 거죠. 노동과 소유가 분리된 상황에서는 공장이 자기 소유가 아니다 보니 헌신적이고 창의적인 행동이 나오지 않는 것이죠. 그러나 만약 자기가 공장을 소유하게 된다면 생산력 증대랄지 모든 일들에 관심을 쏟을 겁니다. 이것이 바로 새로운 사회입니다.

또 하나, 왜 새로운 사회를 만들려는 사회운동에서 노동자 계급이 중심이 되어야 한다고 주장할까요. 그 이유 중 하나는 노동자 계급이 자본주의 사회에서 가장 큰 억압과 착취를 당했으므로, 이 노동자 계급이 여기에서 해방된다면, 새로운 사회에서는 억압과 착취가 거의 사라질 수 있기 때문입니다. 둘째, 우리 사회의 거의 모든 곳에는 노동조합이 있습니다. 만약 새로운 사회가 와서 자본가나 장관이 사라지더라도 회사나 국가를 운영할 수 있는 능력이 노동조합에 있기 때문입니다. 흔히 노동자는 무식하다고 하지만, 실제로 정부기관이나 대기업에서 노동자들이 모든 일을 하고 있지 않나요. 정부부처 역시 장관이 뭐 하는 일이 있습니까. 실무는 모두 아래 담당자들이 하고 있지요.

한국 같은 사회는 어느 방향으로 나아가야 할까요. 당장 어느 방향이냐 할 때는 사회를 그 방향으로 밀고 나갈 주체랄까, 담당자랄까 하는 이야기가 나와야 하겠죠. 자본주의 사회에는 자본가 계급과 노동자 계급이 있습니다. 또 시민 계급이라는 게 있습니다. 온갖 다양한 이해관계를 가진 시민 계급을 하나의 계급으로 여기에 넣기는 좀 어렵습니다. 봉건 사회의 끝에는 부르주아 혁명이 있었습니다. 이건 절대왕정을 타도하는 사건이었죠. 이때 주체는 절대왕정에서 억압을 당한 대다수 주민인 시민 계급이었습니다. 이걸 부르주아지라고 불렀죠. 절대왕정이 타도되니 봉건 귀족세력 모두가 타도의 대상이었죠. 이렇게 시민 계급 중심의 민주주의 사회가 탄생했습니다. 아까도 말했듯이 이런 식으로 민주주의 사회가 된다는 것, 즉 부정부패가 없어지고 모두가 법 앞에 평등하고, 민주주의의 기본인 자유가 보장되며, 독점 대신에 경쟁이 생기는 것, 이런 식의 사회가 온 것입니다. 이게 경제로서의 자본주의와 정치로서의 민주주의의 결합, 즉 자본주의의 기본 개념입니다.

그렇다면 한국의 깡패 사회 안에서 일정한 세력을 차지하고 있는 시민 계급은 어떤 모습일까요. 노동자들이 당하고 있는 와중에 시민 계급의 일부 양심세력이 깡패 사회에 대항하고 개혁하려 노력하기도 합니다. 그러나 사실 이 시민 계급의 대부분은 모두 '소시민'들로 이루어져 있습니다. 소시민은 자본주의 사회 안에서 조금 더 잘 살아보려고 생각하는 이들입니다. 다른 말로 하면 깡패 세력, 즉 기본적으로 독재 세력과 재벌 세력인 그들에게 빌붙어서 잘 살아보려고 생각하는 겁니다. 깡패 세력들이 정치, 경제, 문화 등 모든 측면을 독점하고 있기 때문에 이들에게 빌붙지 않으면 자신의 지위를 개선할 수 없는 겁니다. 이 말은 예전 부르주아 혁명을 통해 민주주의 사회를 만든 시민 계급과는 달리, 지금의 시민 계급은 깡패 세력에 대항해 민주주의 사회를 만들 수가 없어졌다는 겁니다. 굉장히 큰 문제가 생긴 거죠.

1987년 6월 항쟁 당시 종교인·양심 세력·노동자 등 여러 사람들이 참여했어요. 이들이 전두환 정권에 대항해 싸웠죠. 여기서 얻어낸 성과가 대통령 직선제입니다. 20세기 말에 대통령 직선제 하나 얻는다고 사람들이 그렇게 많이 죽고 그럽니까. 대통령 직선제는 사실 1950년대 이승만 정권부터 쭉 해오던 것이었는데, 87년 6월에 와서 이걸 얻느라고 사람들이 처참하게 죽었습니다. 물론 대통령 직선제도 민주주의로 가는 한 걸음이었습니다.

그러다 87년 7, 8, 9월 노동자 대투쟁이 벌어졌습니다. 노동자들이 사장들을 드럼통에 넣어 굴리고 그랬어요. 얼마나 화가 났으면 그랬겠습니까. 그런데 그렇게 하고 나니 시민 계급에서 상당수의 사람들이 노동운동에 반대하기 시작했어요. 이후 노동자들이 더 이상 말을 하지 못하게 되었어요. 실제로는 노동자들이 주요 세력임에도 불구하고 말이죠. 노동자들은 잃을 것이 없기에 죽자 살자 싸움을 했지요. 그러니 대통령 직선제 가지고 만족할 수 없었고, 더 이상의 것을 요구하는 게 당연했지요. 그런데 이걸 상당히 많은 시민 지도자들이 저지합니다. 때문에 전두환 체제가 붕괴된 이후 대항 세력에 많은 분열이 생겼지요. 결국 지금의 깡패 세력을 몰아낼 수 있는 정치 세력의 규모가 아주 작아졌습니다. 남은 것은 노동자 계급뿐이라고 보면 됩니다. 제가 보기에 이 사회는 진퇴양난, 꽉 막혀 있습니다. 이 매듭을 풀 수 있는 사람들은 노동자뿐이고, 다른 이들은 모두가 깡패 세력에 붙어 있는 상황입니다. 청문회가 열리는 모습을 봐도 멀쩡한 사람들이 왜 모두 깡패 세력에 붙어서 양심도 없이 그러고 있는지 답답합니다.

저는 공황이론으로 경제학 박사 학위를 받은 사람이기 때문에 〈자본론〉을 수십 번 읽을 수밖에 없었죠. 공황이라는 말은 영어 'economic crisis'의 번역어입니다. 말대로 번역하면 경제위기이죠. 그런데 '위기'라는 말은 갈림길이라는 의미가 있습니다. 의사가 환자의 보호자에게 위기라 말하면 죽을지 살지 모르는 갈림길에 있다는 말입니다. 하지만 '공황'이란 원래 전혀 다른 뜻입니다.

이건 사람으로 치면 죽은 상태에 빠졌다는 말이죠. 그래서 저는 평소에 번역어를 제대로 구분해서 사용하자고 주장합니다.

'경기가 회복'되고, 호황이 오고, 그 다음에 '투기적 활황(boom)'이 옵니다. 앞으로 호황이 계속되리라는 기대 하에 산업 자본가들은 공장을 늘이고 은행들은 대출을 많이 해주고, 상인들은 원료나 제품을 투기하기 시작하면서 경기가 매우 좋아지는 현상이 바로 붐입니다. 붐 국면은 과잉생산, 과잉대출, 과잉거래로 끝나게 됩니다. 붐 이후 처음 나타나는 현상은 상품이 더 이상 팔리지 않는 겁니다. 그래서 기업·은행·상인들이 도산하기 시작하죠. 상품이 안 팔리면 도산하는 수밖에 없죠. 공장이나 상인 전부가 빚을 내어 투기하고 공장 확장을 무리하게 했기에 상품이 안 팔리면 만기가 된 빚을 갚지 못하고, 결국 파산하게 되죠. 그러면 실업자가 생기기 시작하죠. 마르크스 당시엔 금본위 제도를 운영했어요. 정부가 마음대로 화폐를 발행할 수 없었죠. 보유한 금에 비례해서만 발행할 수 있었죠. 지금과 같은 불환지폐는 1930년대 대공황부터 나왔습니다. 이런 돈은 조폐국에서 찍어내면 그만입니다. 기업이 파산하고 실업자가 나올 때 정치 세력들은 이러다간 다음 선거에서 질 수 있겠다 싶어 돈을 막 찍어내고, 금리를 낮추고 합니다. 그러다 보면 어떤 때는 경기가 곧 회복되는 경우가 있어요. 그래서 이 국면을 경제위기 국면이라고 합니다. 더 떨어질지, 올라갈지 모르는 국면인 거죠.

하지만 지금은 그런 국면이 아닙니다. 2008년 9월에 리먼 브라더스가 파산했을 때, 세계 경제는 더 이상 회복될 가능성이 사라진 공황 상태였습니다. 자꾸 '위기'라고 부르니, 곧 살아날 가능성이 있어 보이지만 사실은 그렇지 않습니다. 흔히들 경제위기는 산업 자본가가 상품을 과잉생산했기 때문이라고 합니다. 도대체 무엇에 비해서 과잉생산을 했다는 걸까요? 물건이 안 팔릴 때 공짜로 주면 다 팔릴 것이고, 다 팔리는 데 무슨 과잉이 있겠습니까. 결국 과잉생산이란 것은 주민의 필요와 욕구에 비해 과잉은 아닌 겁니다. 그렇다면 무엇에 대한 과잉이냐. 생산을 너무 많이 해서 값이 떨어져 이윤을 남기지 못하게 되었다는 의미입니다. 다시 말해 자본가들의 이윤 획득 욕심을 채워주지 못할 정도로 너무 많이 생산되었다는 것이에요.

경제가 하향선을 타면서 실업자를 굉장히 많이 만듭니다. 이때 실업자를 자본주의 사회의 '과잉인구'라고 부릅니다. 여기에서도 무엇에 비해 노동자들이 과잉인가 하는 문제가 생깁니다. 실업자란 구직자들이 '스펙'이 모자라서 직장을 얻지 못하는 것이 아닙니다. 예컨대 2006년 5월 1일에 2,000명을 고용하고 있던 공장이 2009년 5월 1일에는 노동자가 500명에 불과하게 되었습니다. 물건이 안 팔리니 생산규모를 줄여야 하고, 생산규모를 줄이니 500명만 필요하게 된거죠. 1,500명은 고스란히 실업자가 되었습니다. 자본가가 자기 이익을 얻는 데 필요 없다고 판단해 1,500명을 쫓아낸 것입니다. 따라서 실업자는 자본가들의 이윤 획득 욕심에 필요하지 않는 '과잉인구'입니다.

그러므로 박근혜 정부처럼 민간기업들에게 고용을 증가시키라고 구걸해보았자 아무 효과도 없습니다. 정부가 세금을 더 많이 거두어 사업을 개

시해야 실업자가 줄어들 수 있습니다. 예컨대 무상급식이나 무상 유아교육을 실시하니까 일자리가 생기는 것과 같은 이치입니다. 그래서 저는 청년들에게 호소합니다. 자꾸 외국에 나가 스펙을 쌓지 말고 정부에게 '일자리를 달라'고 데모하라고.

지금도 마찬가집니다. 경제가 왜 회복이 안 되고 있을까요. 전세계적으로 경제회복의 기미는 보이지 않습니다. 그런데 이 불황에서도 은행, 산업 기업, 공장들은 많은 이윤을 보았습니다. 자본가들이 노동자들을 비정규직으로 전환시켜 임금을 적게 주면서 일은 엄청 시키기 때문이죠. 이 이윤을 현금으로 갖고 있거나, 증권 시장에서 유가증권에 투기하고 있습니다. 이윤을 투자해 생산을 개선하거나 확대하여 노동자들을 고용하지 않고 있습니다. 생산량을 늘려봐야 물건이 팔리지 않으니까요. 그러니까 거대한 여유자금이 증권시장에 몰려 증권가격은 2008년 수준을 크게 초과했지만, 실물경제는 계속 불황 속에 헤매고 있습니다.

자본가 계급의 수익성이 자본주의 사회를 좌우하고 있습니다. 소수 독점자본가들의 수익성이 낮아지면, 불황이 오고 대다수의 주민들이 일자리를 잃으면서, 생산요소들(자본·노동·토지)은 남아도는데도 주민들은 모두가 자살을 생각해야 하는 지옥에 빠지게 됩니다.

이런 비참하고 불합리한 사회를 타도해야만 합니다. 마르크스에게 새로운 사회는 '자유로운 개인들의 연합(자개연)'입니다. 전국의 공장들에서 자유로운 개인들의 연합이 공장을 운영하게 됩니다. 이들이 이 사회의 인적, 물적 자원을 모두 동원해 주민들의 필요와 욕구를 충족시킨다는 말이죠. 주민들의 필요를 묻고, 이 사회의 자원을 파악하는 피드백 과정을 계속 거치며, 계획을 수립하게 됩니다. 물론 전체 생산량을 증대시키는 것도 필요하죠. 이 계획을 거쳐 필요와 욕구에 알맞게 생산하여 생산품을 각각의 주민에게 택배로 나누어 주는 겁니다. 상상해보면 굉장히 단순한 세상이 되는 것이에요. 모두가 함께 일하고 공동노동의 생산물을 주민 모두가 나누어 가지게 될 것입니다. 자본가나 노동자의 구별 없이, 일할 수 있는 모든 사람은 함께 일하면서, 자유롭고 평등하며 안정적으로 생활하는 것이에요.

자본주의 사회가 새로운 '자개연' 사회로 가는 이행기에서는 가장 먼저 정치혁명이 일어날 수밖에 없습니다. 모든 깡패 세력을 정치혁명을 통해 몰아내지 않고서는 새로운 사회를 위한 '혁신'을 추진할 수가 없기 때문입니다. 그런데 한국에서는 독재세력과 재벌세력이 사실상 하나로 통일되어 있으므로, 독재세력을 타도하는 '민주주의 혁명'과 재벌세력을 타도하는 '자개연 혁명'이 '동시에' 진행될 수밖에 없다는 특수성을 이해해야만 할 것입니다. 다른 선진국들과 달리 '압축성장'을 했기 때문에, 한국은 이런 '동시 혁명', '연속 혁명'의 과제에 부닥친 것이에요.

제가 자꾸 '혁명'을 이야기하지만, 이것은 총을 들라는 말이 아닙니다. 선거를 하면 되죠. 흔히 99 대 1 사회라는 말을 합니다만, 왜 99가 1을 못 이깁니까.

저는 베네수엘라에서 차베스 정부를 살펴본 적이 있습니다. 차베스가 1998년 12월 대통령 선거에 나서면서 내건 공약은 단 하나였습니다. "나는 빈민을 위하겠다"라는 말이었죠. 당시 빈민이 베네수엘라 인구의 70%를 차지했습니다. 세계에서 석유매장량이 가장 많은 나라임에도, 현재에도 세계에서 석유를 네 번째로 많이 생산하는 나라임에도, 대부분의 베네수엘라 사람들은 빈곤한 삶을 살아 갑니다. 석유를 통해 나온 이익은 모두 지배세력이 가져갔습니다. 아무리 풍부한 자원을 갖고 있어도 사회체제가 뒷받침되지 않으면 모두 잘 살 수 없는 거죠. 석유로부터 얻는 이익을 모두 지배세력이 나눠 갖고, 빈민은 그대로 가난한 상태로 남아있는 겁니다.

그런 상황에서 차베스는 빈민을 위하겠다는 공약을 내걸었고, 실제로 빈민을 위했습니다. 차베스는 당선 이후 빈민들의 주민자치회를 도시(400명 단위)와 농촌(200명 단위)에 설치했습니다. 그걸 만들고서 처음 한 일은 빈민들에게 자신들의 동네를 위해 정부가 무엇을 해주면 좋겠냐고 물은 겁니다. 학교, 병원, 상하수도, 도로, 스포츠센터 등등 온갖 것들이 다 나왔겠죠. 이걸 다 만들려면 엄청난 돈이 들어갈 겁니다. 차베스는 '사회개발부'라는 걸 만들어, 정부의 전문가들과 주민자치회의 담당자들이 모여 '동네개발안'을 확정하고, 이 개발안을 완성하는 데 필요한 돈을 주민자치회 은행계좌로 넣어준 것입니다. 주민자치회가 모든 개발사업을 완수하고 지출명세서를 제출하면, 정부 전문가가 와서 검토하고 승인하는 것입니다. 이게 무얼 뜻하는 걸까요. 바로 빈민이 진짜 세력, 새로운 세력으로 등장한 거죠. 베네수엘라에서 언제 이런 적이 있었겠습니까. 때문에 빈민들이 차베스를 계속 지지하여, 차베스는 선거에서 한번도 진 적이 없습니다. 우리도 뭔가 변화하기 위해선 이런 식이 아니면 안될 것입니다.

앞으로 이런 문제에 대해 많은 관심을 가지길 바랍니다. 우리는 정상적인 의미에서 자본주의 사회가 아닌 깡패 사회입니다. 박근혜 대통령은 이것을 강화하고 있고, 이 상태가 상당히 오래 갈 수도 있습니다. 이 체제에서는 희생자가 많이 발생할 수밖에 없습니다. 하지만 이 체제가 영속될 수는 없습니다. 자꾸 문제가 일어나지 않습니까. 우리가 보통 국민들입니까. 많은 투쟁과 혁명을 거쳐 왔지요. 자꾸 멘붕하지 말고, 어떻게 하면 새로운 사회를 만들 수 있을까 고민해 보도록 하십시오.

O&A
질의응답시간

Q: 시민사회 계급은 양심세력이 있다 해도 소시민이기 때문에 도움이 되지 않고, 87년 6월 혁명의 경험에서 보듯 걸림돌이 될 수도 있다고 하셨습니다. 그렇다면 시민사회의 양심세력은 불필요한 존재를 넘어서 악이라고 보십니까?

A: 아니, 그렇게 보지 않습니다. 자본주의 사회에서 변혁의 기본은 노동자 계급이며, 거기에 도움이 될 수 있는 것이 시민사회의 양심세력입니다. 하지만 시민사회라 해서 모두 양심세력은 아니라는 것입니다.

Q: 새로운 사회로 이행하며 자유로운 개인들의 연합의 등장에 대한 말씀을 하셨는데, 그것의 대안으로 선거와 같은 점진적인 대안을 제시하신 듯합니다. 그렇다면 교수님께선 마르크스적 혁명보다는 점진적인 방법을 중요시하시는 건가요?

A: 많은 사람들이 정치혁명이 어렵다고 생각합니다. 총 들고 싸우면 이길 것 같아요? 못 이기잖아요. 선거를 잘 하고 공정한 선거운동을 통해 표를 많이 얻으면 되는 거죠. 점진적이거나 한꺼번에 하거나 그런 문제가 아니라, 새로운 사회를 가장 잘 만들 수 있는 방법을 취하자는 것입니다. 대중의 광범한 지지를 기반으로 거대한 대중조직을 가지지 않는 무장혁명

은 '자개연 혁명'을 성공시킬 수가 없습니다. 체계바라의 게릴라 전략이 실패한 이유가 바로 여기에 있습니다.

Q: 교수님 말씀을 듣다보니 직원협동조합 같은 것들이 떠오르는 데요. 작년 말에 협동조합기본법들도 통과되었는데, 어떻게 생각하시는지요?

A: 협동조합이라는 것은 조합원들이 돈을 출자하여 자기들끼리 구성하는 것이죠. 즉 자본가가 필요없음을 증명하는 제도입니다. 이것이 자본주의를 타도하는 데 엄청나게 중요한 사상적 기능을 합니다. 자본가가 개입하지 않더라도 생산을 할 수 있음을 보인 거죠. 그런데 마르크스도 협동조합을 말하며, 협동조합이 실제로는 전국적으로 확산되어야 하나 거기에 정부가 협조하지 않을 것으로 보았죠. 기존의 자본가들도 봐줘야 하니 바쁘겠죠. 그러니 협동조합이 소규모로 겉치레만 할 수밖에 없는 거죠. 결국 협동조합도 국가권력을 장악해야만 제대로 혁신적 기능을 할 수 있다는 겁니다. 그러니 협동조합을 너무 믿지 마세요. 깡패 세력이 협동조합의 확산을 도와줄 리 없습니다.

삶과 재산으로서 주택 그리고 인권

김용창 · 서울대학교 지리학과 교수

여러분, 만나서 반갑습니다. 오늘 제가 다룰 주제는 부동산에 관한 내용으로, 서울대에서는 거의 다루지 않는 분야입니다. 다루더라도 주로 계량경제학(econometrics) 모델을 사용하는 계량분석을 위주로 하고, 정성적인 분석이나 제도적 분석에 대해서는 신경을 쓰지 않는 분야입니다. 전에 교양강좌로 '생활과 부동산'을 개설하려고 했었는데, '서울대까지 부동산이란 단어를 쓰면 우리나라가 도대체 어디로 흘러가겠냐'라고 하면서 거절을 당했던 적이 있습니다. 여기서 드러나는 건 사람들이 모순적으로 생각하고 있다는 것입니다. 땅과 집이 없으면 기본적으로 사람은 살 수 없어요. 반면에, '이것은 굉장히 천박한 것이다'라고 생각하는 거죠. 대놓고 보면 땅과 집에 대해 논하는 것이나 언급하는 것은 무언가 께름칙한 겁니다.

이것은 상당히 이율배반적인 모습을 보이는 것입니다. 문제가 있다고 판단하면 오히려 그것을 드러내 놓고 속속들이 짚어보고, 비판도 해보고, 옹호도 해보고 현실 속에서 문제점과 대안을 찾아야 합니다. 덮어둔다고 해결될 문제는 아니라는 거예요. 대부분의 사람들에게 물어보면, 사실은 모두다 땅과 집에 관심이 많죠. 속으로는 그러면서 겉으로는 아닌 척 하는데, 그것이 올바른 길은 아니라는 겁니다.

왜 땅과 집이 중요하냐? 그것은 말하지 않아도 잘 알고 있는 내용이지만, 그 중요성은 보는 시각에 따라서는 굉장히 다른 각도에서 보입니다. 오늘 다룰 내용은 땅과 집을 보는 다양한 시각들과, 이런 시각들 속에서 서울대 사람들 또는 사회문제에 대해 나름대로 비판을 해야 하는 사람들이 취해야 할 입장은 어떤 것인가 하는 것입니다. 그렇지 않으면 부동산 문제는 '강남 아줌마'들의 손아귀에서 벗어나지 못하게 됩니다.

우리나라에서 전공하기가 가장 어려운 학문이 몇 개가 있습니다. 그 중 하나가 교육학입니다. 입시제도 같은 것은 학부모들을 이길 재간이 없어요. 그리고 정치학이 있습니다. 우리나라는 대선 같은 때가 되면 포장마차에서 술 먹다가, 니 편 내 편 갈라 칼부림하는 나라입니다. 그만큼 정치의식이 굉장히 강하죠. 저마다 전문가죠. 그래서 택시 타고 가다가 성질나서 승객하고 택시 기사하고 싸우는 나라가 우리나라입니다. '너는 누구를 지지하냐'라고 물었을 때 통진당을 지지한다고 해봐요, 난리나죠. 택시 기사하고 바로 싸우는 거에요. '돈 안 받을테니까 내리라'고 하죠. 그 정도로 자칭 전문가들이 많은 분야가 정치학이죠. 또 하나가 바로 부동산입니다.

이 분야는 웬만큼 해서는 속칭 복부인들을 당해낼 재간이 없어요. 소위 말하는 '실무'에 대해서는 전문가나 대학 교수가 따라가기 매우 힘든 분야입니다. 그리고 수시로 제도가 바뀌기 때문에 모니터링을 하기가 상당히 힘듭니다. 전공하기가 힘들지만, 또 그만큼 관심이 상당히 많은 분야가 이 분야입니다.

자본주의와 주택 문제

세상에는 다양한 집들이 굉장히 많습니다. 집에 대한 인류의 역사뿐만 아니라 특히 현대사에서 문제가 되는 것은 많은 사람들이 좁은 특정 공간에 많은 사람들이 몰려 사는 현상입니다. 대도시 문제죠. 특정한 좁은 공간에 대규모로 사람들이 몰려서 살다보니까 사람들의 거처를 제때 빠르게 마련해줄 수가 없습니다. 그래서 시간 지체(Time Lag)가 발생하면서 집이 없는 사람들이 나타납니다. 거처(Shelter)라도 있어서 비바람을 피할 수 있으면 괜찮아요. 그런데 그마저도 없는 사람들이 있어요. 남의 집에 전세나 월세로 사는 것도 한 방편인데 남의 집에서조차 살지 못하는 사람들이 나타난다는 것이죠. 그것도 자본주의가 고도로 발달했다고 하는 이 시점에서 말입니다. 지하철역이나 벤치 같은 곳에서 사는 사람들이 도대체 왜 생기는 걸까요? 자본주의는 발달하고 국민소득은 자꾸 늘어난다고 하는데 왜 이런 문제가 생길까요?

그렇다면 자본주의는 기본적으로 주택 문제를 해결할 수 없는 체제인 걸까요? 이 문제에 대해서 고민을 할 수밖에 없습니다. 여기에 대해 엥겔스가 한 재미있는 말이 있습니다. '자본주의 체제가 주택 문제를 해결하는 유일한 방법이 있는데, 그것은 새로운 문제를 유발함으로써 옛날 문제를 잊어버리게 하는 것이다'라는 말입니다. 그러니까 자본주의 사회는 문제를 근본적으로 해결하는 것이 아니라, 새로운 문제로 관심을 옮겨가서 옛날 문제가 마치 없어진 것처럼 착각하게 만든다는 것입니다.

이제 형식상으로는 우리나라도 주택보급률이 100%가 넘습니다. 기본적으로 한 집당 한 가구가 들어가면 모든 가구가 자기 집을 가질 수 있다는 이야기죠. 자본주의 사회니까, 강제로 그렇게는 못하겠지만 그렇다 하더라도 최소한 남의 집에 살 수 있는 정도의 산술적 주택 양은 확보가 된 것입니다. 한동안 한국사회가 발전하면서 보여주었던 모습은 근대식 주택들이 많이 공급되면서 이른바 거지들이 사라진 것입니다. 경제 성장을 하면서 그런 거지들이 어느 순간에 사라졌습니다. 마치 다 어디론가 들어가서 자기 집이 있는 것처럼 사라졌는데, 1980년대 이후 들어 빠르게 세계화가 진행되면서 어느 날 갑자기 집도 절도 없는 사람들이 다시 나타나 역 근처에서 살기 시작했다는 거죠. 한편으로는 아파트와 연립주택이 많이 건설되어 늘어났는데 왜 그런 문제가 다시 생겼을까요.

이런 현상들은 새로운 문제를 유발함으로써 옛날에 있었던 것과 같은 집 문제는 해결된 것처럼 착시 현상을 일으킨다는 것입니다. 이 말은 자본주의 체제에서는 근본적으로 주택문제를 해결할 수 없다는 암시를 하고 있습니다. 그래서 엥겔스와 마르크스가 '공산당 선언'에서 했던 이야기, '국유화'에서 우리가 이끌어 낼 것은 그 단어 자체가 아니라, 주택문제에 대처하는 새로운 스타일의 정책을 만들어야 한다는 방향성의 재설정입니다. 국유화 자체가 해결책은 아닙니다.

빈민촌과 무허가정착지(Squatter Settlement), 서브 프라임 모기지 사태 – 대도시 주택 문제

빈민들이 사는 동네를 비롯해 호화주택, 미래주택 등 다양한 형태의 주택이 현 시점에 존재하고 있습니다. 계층만큼이나 다양한 것이 주택이라고 말할 수 있습니다. 재미있는 것은 빈민촌에 관한 단어들이 많다는 것입니다. 브라질은 파벨라스(Favelas), 베네수엘라의 란초스(Ranchos), 우리나라는 '달동네'가 있죠.

통상적으로 이런 형태의 집들을 통합하여 '무허가정착지'라고 합니다. 스쿠와트(Squat)는 '웅크리다'란 뜻인데, 스쿠와팅(Squatting)이라고 하면 주인의 허락을 받지 않고 사유지에 마음대로 들어가서, 무단으로 점유한 후 그곳을 삶의 공간으로 만드는 것을 말합니다. 스쿠와팅 운동은 현대 자본주의에서 사회운동(Social Movement)의 일환으로 이뤄지는 운동입니다. 자본주의는 형식상으로 등가 교환의 형태를 취하고 있죠. 건물주가 이 정도에 해당하는 효용성을 가진 물건을 가지고 있으면, 세입자가 그만큼에 해당하

인도 뭄바이의 무허가정착지

브라질 리우자네이루의 산동네 모습

는 화폐를 주고 거래를 한다는 것이죠. 물론 그 안에는 효용성, 가치문제 등 복잡한 내용들이 포함됩니다. 그러니 거래 대가를 주지 못하면 집에 들어갈 수 없는 거죠. 집은 남아돌아도 살 곳은 없는 것이 일종의 자본주의의 모순이라고 할 수 있습니다. 오늘날 전 세계의 큰 대도시들이 그런 현상을 보이고 있습니다. 집도 많고, 집에 들어갈 사람도 많은데, 집은 비어 있습니다. 관리도 잘 안 해요. 'Abandonment'라고 하는데, 일종의 '버린 땅과 집들'이라는 뜻입니다. 그 좋은 땅과 집을 왜 버릴까요? 땅과 집을 관리하는 데 돈이 드니까 방치 상태로 두는 것입니다. 재개발할 때가 되면 '이곳이 내 땅이고 내 집이다'라고 소유권을 주장합니다. 이런 행태가 횡행하니까, '이왕 버려진 집인데 왜 그 집을 놀리느냐'고 하면서 주인의 허락을 받지 않고 돈 없는 사람들이 임의로 들어가서 삽니다. 시민단체들 중에는 스쿼팅 운동을 알선해주는 단체도 있습니다.

그런데 문제는, 스쿼팅 운동을 하면 나중에 집을 철거할 때 살던 사람들이 나가지 않는 문제가 발생합니다. 갈 곳이 없어서 그 집에 들어와 살고 있는데, 어디를 가란 말입니까. 이렇게 사람들이 나

서울 구룡마을 너머 보이는 타워팰리스

가지 않으니까 경우에 따라서는 탱크를 앞세워서 부숴버리기도 합니다. 이것이 바로 우리가 알고 있는, 국민소득 3, 4만불 선진국의 뒷모습입니다. 우리는 국민소득 3만불을 넘으면 지상낙원이 올 것 같지만, 사실은 그렇지 않다는 걸 잘 보여주는 모습들이죠. 기본적으로 사람이 살 만한 터전 하나만큼은 제공해주어야 합니다. 그런데 최소한 식구들이 비바람을 피할 수 있는 집조차 제공해주지 못하는 상황이 각 나라마다 다 존재합니다. 앞서 말한 비공식적 주거 형태가 전 세계적으로 만연해 있고, 이런 현상이 해결될 기미도 보이지 않습니다. 이것이 바로 오늘날 세계화의 또 다른 양면성입니다. 특히 이러한 현상은 개발도상국이나 저개발국에서 많이 일어나고 있습니다. 개발도상국이나 저개발국은 농촌뿐만 아니라 도시에도 일자리가 마땅치 않은데, 사람들이 자꾸 대도시로 몰려드는 현상이 나타나 문제가 더욱 심각한 상황이기 때문입니다.

저개발국가에서 나타나는 이런 문제와 달리, 잘 사는 나라에서는 또 다

미국 캘리포니아주 새크라멘토에 모여있는 노숙자들의 텐트

른 형태로 문제가 발생하고 있습니다. 미국의 서브 프라임 모기지 사태는 잘 알고 계시죠. 이 가운데 먼저 모기지 제도를 설명하겠습니다. 내가 내 돈으로 집을 사면 형식상으로 소유권도 내 것입니다. 그런데 집을 살 때, 은행에서 장기간 저리로 외상을 내서 집을 산 것이기 때문에 그 외상값을 갚아야 합니다. 이런 방법은 좋은 제도로 알려져 있지만 개념적으로 보면 30년 동안 돈을 갚아야 하고, 그러기 위해서 30년 동안 안정적으로 돈을 벌 수 있어야 합니다. 어쨌거나 이렇게 고객들이 집을 사게 만들어서 건설업자, 금융기관, 주택 금융 채권을 가지고 파생 상품을 만드는 여러 가지 투자 관련 은행은 돈을 많이 벌었습니다. 하지만 핵심적 주체인 고객이 빚을 다 갚지 못하면 죽도 밥도 되지 않는 거죠. 붕괴되는 겁니다. 고객의 소득원은 일자리이므로 그가 고용되어 있는 곳에서 정기적으로, 정상적으로 노동 소득을 벌어야 외상값을 갚을 수 있습니다. 만약 그 소득원을 잃거나 해서 외상값을 갚지 못하게 되면 돈을 빌려준 은행이 무지막지하게 집을 빼앗아서 경매에 넘기는 거죠. 어제까지 멀쩡한 직장에 다니다가, 어느 날 갑자기 직장에서 쫓겨나면서 외상값 몇 달 밀리면 바로 집이 경매로 넘어가는 겁니다. 정상

적인 사람들에게도 이런 일이 일어납니다. 그런데 하필이면 서브 프라임 모기지라는 것은, 우대 금리를 적용받지 못할 정도로 신용이 불안정한 상태의 사람까지 고객으로 받아 자꾸 외상을 준 것입니다. '내 돈 좀 갖다 써라' 하고요. 그런데 그 사람들이 파산을 하면서 오도 가도 못하게 되는 겁니다. 그 사람들은 어제까지 살던 내 집이, 자고 일어났는데 내 집이 아니게 된 거죠. 바로 엊그제 미국에서 일어난 일입니다. 고도로 발달한 자본주의 사회가 보여주는 또 다른 모습들이라고 할 수 있죠. 오늘날 저개발국가와는 달리 선진국에서는 이런 프로세스에 의해서 그런 문제가 발생합니다.

경제가 재구조화된다는 것은 기존에 있던 경제 시스템이 여러 가지 자본 축적의 장애나 노동계급의 투쟁 등에 의해 문제가 생겼을 때 시스템을 바꾸는 것을 말합니다. 그리고 대개 그 과정은 마르크스가 말한 'Crisis(위기)'라고 하는 파괴적인 방법을 통해서 사회가 확 바뀌게 됩니다. 공황이 오는 거죠. 이 공황이 닥치면 기존에 있었던 작은 기득권까지도 무용지물이 되면서 맨땅에 헤딩을 해야 하는 일들이 발생을 합니다. 그리고 이 와중에 기회를 잡은 사람들은 돈을 더 벌고, 나머지 사람들은 밑으로 떨어집니다. 도시는 원래 서양적 의미에서 자유로운 사람들, 즉 농노의 상태에서 해방된 사람들이 모여 사는 곳입니다. 그런 자유인이 살던 공간으로서의 도시에서 이제는 현대판 노예로 전락하는 사람들이 생겨나는 겁니다. 이렇게 변한 도시 공간을 'Divided City', 경우에 따라서는 'Dual City'라고 이야기 합니다. 우리말로 '이중도시'라고 하죠. 좁은 공간에 여러 사람들이 엉켜 살면서 집이라는 것도 이중화되는 그런 현상이 많이 나타나고 있습니다.

인간 삶의 터전으로서 주택

토지 · 주택거래의 오랜 역사

중요한 문제는 사람들이 왜 그렇게 집에 집착을 하느냐는 것입니다. 그 이유는 우리 삶의 근본적인 터전이 주택이기 때문이죠. 사람이 사람인 이유가 무엇입니까? '네가 너라는 걸 증명을 해봐라'라고 말하면 마르크스주의자들은 '내가 노동한다는 것을 통해서 내가 사람이라는 것을 입증한다'라고 말합니다. 그럼 노동한다는 것을 입증했다고 하더라도 '그것만으로 네가 사람다운 것인가?'라고 다시 물을 수 있습니다. 우리는 어딘가에는 거처를 정해야 합니다. 애인이 없어도 되고, 가족이 없어도 되고, 자식이 없어도 됩니다. 하지만 두 가지는 반드시 필요합니다. 노동을 하지 않거나 마땅히 거처할 곳이 없으면, 내가 나라는 존재의 의의를 찾을 수 없습니다. 그만큼 중요한 문제가 거처의 문제, 주택의 문제입니다.

이런 주택의 문제는 인류 역사를 봐도 오랫동안 쟁점 사항이었음을 알 수 있습니다. 메소포타미아에서 있었던 사안들을 기록한 점토판(Clay Tablet)을 보면, 개인소유 토지 재산에 대한 매매가 기원전 2700년 전에 이미 존재하고 있었습니다. 그러니까 예수가 태어나기 2700년 전부터 사람들은 토지를 거래하기 시작했다는 겁니다. 상상이 잘 되지 않는 일들이죠. 게다가 거래를 한 것뿐 아니라, 오늘날의 등기에 해당하는 행위도 했습니다. 오늘날 우리는 자기 재산에 대하여 등기를 하잖아요. 여러분이야 재산이 없으니까 등기부등본 뗄 일도 없고 등기소에 갈 일도 없겠지만, '이게 내 재산이다' 하고 등기를 하는 이런 행위들이 예전부터 있었다는 거지요. 그리고 내 땅이 어디까지냐, 내 집이 어디까지냐 하는 경계 표시도 옛날부터 있었습니다. 그리고 매매, 임대차도 다 있어서, 당시 도시 지역 주택들이 비쌌다는 기록들까지 남아 있습니다. 기원전 1500년 미타니 왕국에서는 부동산 투기가 하도 심하니까, 자기 가족이 아니면 주택 거래 또는 토지 거래를 하지 못하게 했습니다. 그런데 집하고 토지를 거래하면 돈을 벌 수 있으니까 어떻게 했을 것 같습니까? 양자를 들여 거래를 하고 내쫓는 식으로 무려 200번 거래를 한 기록도 있습니다.

이런 행위들이 인간 본성에 들어 있다는 것을 알 수 있습니다. 함무라비 왕 시기, 기원전 1700년에도 비슷한 기록이 남아 있습니다. 프랑스 루브르 박물관에는 맨질맨질한 검은 돌에 글자와 그림들이 새겨진 함무라비 법전이 있습니다. 그 조문을 살펴보면, 43조에 '임차한 토지가 있으면 경작하지 않고 놀리고 있더라도 지대를 주어라'고 나와 있습니다. '네가 경작을 안 하는 것은 네가 게으르다는 것'으로, 오늘날과 상당히 유사한 입장입니다. 다만 기후 변화나 자연 재해 등으로 어쩔 수 없이 농사를 망친 경우에는 지대를 주지 않아도 된다고 기록되어 있습니다. 오늘날도 재해 구역 등에 대해 이런 조치를 취하고 있는데 이미 함무라비 법전에 기록되어 있었습니다. "건축업자가 타인의 집을 지을 때, 견고하게 짓지 않아서 집이 무너졌으면, 집 주인이 죽었을 때는 건축업자를 때려죽이고, 그 집 아들이 죽었을 경우에는 건축업자의 아들을 때려죽인다."는 조문도 있습니다. 살벌하죠. 아마 우리나라에서 이렇게 하면, 아무도 불량 주택을 짓지 못하겠죠. 요즘 건축업자들이 불량으로 건설을 해서 지은 지 얼마 되지도 않았는데 건물에 금이 가고, 하자보수를 해야 해서 신문에 기사가 나곤 하는데, 이런 법조를 적용하면 꼼짝도 못할 겁니다. 이밖에도 대영박물관이 소장하고 있는 흑판에 쓴 설형문자(쐐기문자)를 해석해 보면, 부동산 거래기록하고 형제 간에 땅과 집을 어떻게 분배할 것인가를 다룬 기록들이 남아 있습니다.

현대 헌법과 토지·주택

이제 현대로 와서 우리나라는 부동산 문제를 헌법에서 어떻게 인식하고 있는지 살펴보겠습니다. 헌법 23조가 토지 및 재산에 관한 내용을 규정하고 있고 23조 1항은 국민의 재산권을 보장하도록 되어 있습니다. 그리고 국민의 재산을 공적인 목적으로 빼앗을 경우에는 정당한 보상을 하라고 되어 있습니다. 또 하나 중요한 조항이 35조인데, 그 1항을 보면 행복추구권이 있습니다. 국가라는 것은 대한민국 영토 내에서 합법적으로 유일하게 폭력을 사용할 수 있는 기구인데, 그것을 행사하기 위해서는 국민들의 기본권을 보장하고, 국민으로서 인식을 시켜야 합니다. 그리고 그러한 인식을 시키기 위해 보장해주어야 할 것이 행복인데, 그 구성요건 중의 하나가 주거권입니다. 3항을 보면 "국가가 쾌적한 생활을 할 수 있도록 노력해야 한다"고 나와 있습니다. 요즘 경제민주화를 하느냐 마느냐로 말이 많은데, 조항의 나머지 부분을 보면, 이미 우리 헌법이 경제민주화라는 단어를 명시하고 있습니다. 헌법 119조 2항에 '경제민주화를 위해 무엇무엇을 해라'고 규정이 되어 있죠. 이처럼 헌법에 지리학과 관련된 내용이 다수 있습니다. 주로 지리학에서 말하는 '지역의 개발'이나 '지역의 보존'의 균형을 요구하는 내용입니다. 이런 점에서 우리나라는 헌법만 잘 지키면 큰 문제가 없는 나라라고 할 수 있습니다.

한국 사회에서 주택의 의미

우리나라는 유난히 토지, 주택에 대해서 오래도록 애착을 가지고 있는 민족이라 할 수 있습니다. 토지나 주택에 대해서 그토록 애착을 갖는 이유를 농경사회처럼 움직이지 않고 한 곳에 정착해 있는 사람들이 장소를 중히 여긴다고 설명합니다. 끊임없이 이동을 해야 하는 유목민은 특정한 장소에 좋은 집을 짓고 그곳에 정착한다는 건 집단으로 보면 배신행위라는 것입니다. 하지만 우리나라는 그렇지 않죠.

오늘날 우리나라에서 가장 보편화된 외래형 주택인 아파트부터 살펴보겠습니다. 현대에 들어 아파트를 중심으로 한 투기가 많이 늘어났습니다. 아파트가 우리나라에 소개된 것은 일제 시대 때입니다. 옛날 신동아 신문에 실린 아파트의 정의를 보면 "아파트멘트. 일종의 여관 혹은 하숙이다. 한 빌딩 안에 방을 여러 개 만들어 놓고, 세를 놓는 집이니, 역시 현대적 도시의 산물로 미국에 가장 크게 발달되었다. 간혹 부부생활 하는 이로도 아파 – 트멘트 생활하는 이가 있지만 대개는 독신 샐러리맨이 많다. 일본에서는 생략하여 그냥 '아파 – 트'라고 쓴다"로 되어 있습니다. 그 당시에는 아파트가 잠시 머무르는 곳으로 인식되어 있지만 지금 우리한테는 한 가족이 머무는 장소가 된 거죠.

'주택'이라는 건 뭘까요? 영어로는 하우징(Housing)입니다. 홈(Home)은 뭐고, 패밀리(Family)는 무엇이일까요. 그리고 하우징(Housing)은 무엇이고 하우스(House)는 무엇일까요? 이들 단어는 뉘앙스는 조금씩 다르지만, 서로 교환이 가능한 의미로 쓰이고 있습니다. 문맥에 따라 바꿔 쓸 수 있는 의미로 쓰이고 있죠. 우리에게는 가정과 주택을 한 번에 모두 표현하는 단어가 있습니다. 바로 '집'입니다. 우리는 '집'이라고 말할 때, 내 부모님, 내 동생이 있는 곳, 가족 관계를 포함하는 동시에 이들이 함께 있는 물리적 공간까지를 아우릅니다.

이 외에도 집에 대해 에드워드 쿡이라는 사람이 17세기 영국에서 내린 판결문이 있습니다. "모든 사람의 주택은 자신의 요새이며, 침입과 폭력에 대한 방어, 그리고 휴식을 위해 존재한다"고 말하고 있습니다. 즉 가장 안정적으로 사회를 지지, 지원하는 사회적 단위가 주택이라고 말하는 것입니다. 이 시각에서 보면 남의 집에 들어가서 뭔가를 훔친 것은 그 집의 담을 넘었다는 불법 관계를 넘어서, 그 집에서 일어나는 가정 관계를 침해하고 위협하는 굉장히 위험한 행위입니다. 집은 그 안에 살고 있는 사람들을 방어하는 요새이기 때문이죠. 이렇게 주택은 여러가지 의미를 가지고 있습니다.

물론 우리가 통상 말하는 것은 물리적 건축물로서의 의미입니다. 이 의미도 굉장히 중요합니다. 우리가 "너 어디 살아?"라고 물어봤을 때, 사람들은 건설회사의 이름을 대는 경우가 많습니다. 다른 나라는 그렇지 않은데, 우리나라는 특이하게도 집에 건설회사 이름이 붙어 있습니다. 예를 들면 "나는 삼성 래미안에 살아, 나는 대우 푸르지오에 살아."그런 식으로 이름이 붙어 있어요. "나는 어디어디 빌라에 살아"라고 했을 때와 비교되죠. '쟤는 어디에 산다, 어느 주거 단지에 산다, 어느 동네에 산다'고 했을 때, '나는 평창동에 산다'와 '나는 봉천동에 산다'가 뉘앙스가 다른 것처럼, 물리적 주거 지역이 그 사람의 사회적 지위를 표시하는 상징적 의미가 되기도 합니다. 그래서 근래에 부녀회에서 많이들 했던 일 중의 하나가, 옛날에 아무렇게나 지은 이름을 바꿔달라는 것이었습니다. 브랜드 가치를 중시하는 분위기로 바뀌고 있다고 할 수 있죠. 이런 맥락에서도 물리적 건축물로서의 의미는 여전히 유효합니다.

또 다른 하나는, 생활양식 또는 생활경험의 토대가 주택이라는 것입니다. 우리가 배우는 모든 사회생활의 기초들은 집에서 배웁니다. 예를 들어 우리가 청소년일 때 일주일 이상 집에 들어가지 않으면 가출 청소년이 되죠. 그렇기 때문에 모든 행위들은 집안에서 이뤄집니다. 그리고 이 집 공간은 완전히 밀폐된 공간이자, 공적 공간(Public Space)이 아닌 사적 공간(Private Space)입니다. 공적 영역과 사적 영역은 차이가 있습니다. 주택은 사적 영역에서 사회화가 이뤄지는 아주 특이한 공간인 것입니다. 보이지 않는 공간에서 사회화가 이뤄진다는 것은 중요한 의미가 있습니다. 보이는 곳에서 이뤄지는 사회화는 통제의 대상이 됩니다. 그리고 쉽게 교정이 됩니다. 경희대에서 어떤 강사가 마르크스 자본론 강의를 했다고 고발한 일도 있었잖아요. 이것은 공적인 영역에서 발생한 일이기 때문에 감시와 통제, 교정의 대상이 된 것입니다. 하지만 주택은 그렇지 않습니다.

그 다음으로 살펴볼 의미는 양성관계의 토대로서 주택입니다. 주택이라는 것은 전통적으로 보면, 남자들이 나가서 일을 할 때 여자가 남아 자녀를 양육하는 공간입니다. 가부장적으로 인식된 주택인 거죠. 우리나라는 이런 인식이 유달리 심했죠. 남자들이 부엌에 가서 설거지하는 것을 시어머니가 가만히 두지 않죠. 물론 요즘 세대는 남자들이 부엌에 가서 설거지를 하지만, 제 부모세대까지만 해도 그 꼴은 못 본다고 했습니다. 그런데 지금 우리에게 제일 중요한 것은 사람들이 투자의 대상으로서 보는 주택입니다. '거처라던가 생활양식 이런 것보다도 이 집을 팔았을 때 얼마나 이익이 남느냐'를 가장 중요하게 생각하고, 돈이 생기면 무조건 집을 사서 아파트를 천 채 이상 가진 사람도 있습니다. 이렇게 집을 많이 가지고 있는 사람뿐 아니라, 집 한 채만 가지고 있는 사람도 집값이 떨어질까봐 걱정합니다. 또 대통령 선거할 때도 집값 올려주겠다고 하는 부분에 많은 표를 던져주죠. 이런 현상들은 집을 거처나 사용가치적인 의미로 생각하기보다는 주택을 투자의 대상으로 생각하고 있다는 것을 보여줍니다. 그러니까 집이라는 곳은 굉장히 다중적인 의미 부여가 가능한 공간이라고 할 수 있습니다.

요즘 집에 대해 또 문제가 되고 있는 것은, 이곳이 사적 공간이다 보니까 감시와 통제가 불가능한 공간이어서 부정적으로 활용될 경우 안식처가 아닌 폭력의 공간이 될 수 있다는 것입니다. 특히 약자들, 여성이나 아이들에게 불안정한 공간이 될 수 있죠. 자기 아버지가 아무리 때리고, 술을 먹고 해코지를 해도 밖으로는 드러나지 않으니까 악마의 공간이 될 수 있습니다. 이런 시각으로 보면, 안식처로서 주택, 가정의 방어 요새로서 주택과 같은 이야기들은 보수적인 시각에서 본 일면일 뿐이죠. 지배 당하는 자의 입장에서 보면 집만큼 불안정한 공간도 없습니다.

이 사진은 남자가 죽을 때 재산을 분할하는 내용을 기록한 일종의 공증 문서입니다. 1601년에 재산을 물려주는 내용인데, 재산을 그냥 물려주지는 않았습니다. 이 사람은 조선시대 사옹봉사(司饔奉事)로서 오늘날로 말하면 청와대 요리사와 같은 사람입니다. 이 사람이 돈을 많이 벌어서 가족들에게 재산을 물려주는데, 자기 아내하고 아들에게 건 조건이 설, 추석 등 4대 명절에 제사를 잘 지내고 시어머니를 잘 봉양해야 한다는 것입니다. 이 조건으로 16칸 짜리 기와집과 전답 수십 마지기와 노비 6명을 물려준다고 기록했습니다. 그리고 공증인도 다 있습니다. 기록을 상당히 치밀하게 잘 해놓았습니다.

현대인들도 저만큼 토지를 좋아합니다. 그 단적인 예를 들어봅시다. 우리나라 사람들은 어떤 형태의 자산을 가장 좋아할까요? 여러분들이 나중에 직

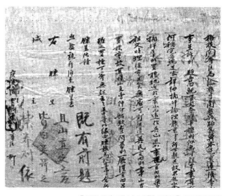

"1601년 재산 분할 기록" 공증문서

장을 갖게 되고, 가정을 이루게 되었을 때, 돈이 생기면 무엇을 하고 싶으신가요? 비싼 페라리 자동차를 사서 타고 아무데나 돌아다니고 싶어요? 아니면 여행을 다니고 싶어요? 여러분들도 저와 큰 차이 없을 것입니다. 일단은 돈 모아서 집 사야죠. 이러한 경향은 한국 사회가 유달리 심합니다. 조사에 따라 조금씩 다릅니다만, 전체 재산 중 부동산 재산이 차지하는 비중이 다른 나라에 비해 월등히 높습니다. 심할 경우는 그 비중이 9대 1이 되는 경우도 있습니다. 재산이 10억이 있으면 그 중에 9억은 부동산이나 집으로 가지고 있고, 나머지 1억만 은행에 넣어둔다는 것이죠. 다른 나라는 오히려 반대입니다. 미국도 그렇고, 부동산을 좋아한다는 일본사람들도 그 비율은 반반 정도에 불과합니다. 그만큼 우리나라가 부동산에 지나치게 긴밀한 이해관계를 가지고 있습니다.

부동산 가격 급등과 불로소득

그렇다면 우리나라만 유독 왜 이렇게 부동산에 애착을 보일까요? 전통적인 속성도 있지만, 우리나라가 자본주의를 채택한 이후로 토지, 주택으로 큰 재미를 볼 수 있었기 때문입니다. 4번에 걸쳐서 부동산 가격이 급등을 합니다. 경제가 크게 성장했거나 사회에 떠도는 화폐가 많았을 때 땅값이 많이 올랐습니다. 1964년 이후, 1970년대 말, 1980년대 말, 참여정부 시기에 주택가격이 급상승했습니다. 초창기에는 주로 땅값이 오르다가, 뒤로 오면 주택가격이 많이 오르게 됩니다. 초창기에 땅값이 오른 이유는 경제가 급격하게 성장하다 보니까 개발을 하기 위해 도시를 만들고, 도로를 놓고, 인프라 시설을 구축하는 과정에서 나타납니다. 오늘날 중국이 이와 같은 과정을 겪고 있습니다.

1980년대로 오면서 토지에 대한 개발이 완료되고 새로운 유형의 건축, 특히 아파트를 많이 짓기 시작하면서 주택 가격이 상승합니다. 아파트를 어떻게 짓느냐, 큰 집에 대한 애착과 같은 이슈들이 사회적으로 중요해졌죠. 그런데 가격이 많이 올랐다는 것은 뭡니까. 전형적인 불로소득이죠. 그러니까 당시에 부동산 자산을 가지고 있던 사람들은 상당한 불로소득 이익을 보았고, 부동산 자산을 가지고 있지 않았던 사람들은 상대적으로 전혀 이익을 얻을 수 없었습니다. 이것이 어떤 문제를 유발하는가를 보아야 합니다. 우리가 돈을 벌 수 있는 3가지 원천은 노동, 금융, 부동산 자산인데, 이 3가지가 매우 긴밀한 관계를 맺고 있기 때문에 한 부분에서의 불균형은 소득 불균형 관계를 고착화시키게 됩니다. 예를 들어 노동시장에서 연봉이 1억인 사람이 있다고 합시다. 이 사람이 노동시장에서 번 돈으로 5억짜리 집을 샀는데, 이 집에서 이익이 크게 나게 되면 재산 증식이 부가되어서 부동산 자산 소득도 크게 올라가게 됩니다. 연봉이 작은 사람은 집을 못 구하다보니까 상대적으로 격차가 더욱 벌어진다는 겁니다. 노동 소득의 격차를 악화시키는 역할을 부동산 소득이 하는 것이죠. 그런데 집값이 오른다는 것은 내가 한 일은 아니거든요. 사회가 발전하면서 사회의 힘으로 가격이 올라간 것이지 내가 어떤 노력을 가해서 가격이 올라간 것이 아니라는 겁니다. 물론 집을 산 행위에는 노력이 들어갔겠지만, 매입 계약을 한 이후에 집값이 올라가는 데에는 노력을 더한 것이 없어요. 올라간 집값으로 얻는 소득은, 내가 노력을 하지 않고 얻는 소득, 즉 불로소득입니다. 그런데 노력을 하지 않고 얻은 소득이 노력을 해서 얻은 소득보다 더 커지면, 누가 일을 하겠습니까? 결국 불로소득과 연결되는 부동산 자산은 자본주의와 모순되는 역할을 하게 되는 겁니다.

우리나라는 압축적인 경제성장을 했기 때문에 부동산 가격 변동이 심했습니다. 이로 인한 부동산 대책들도 많습니다. 우리나라는 부동산 가격이 떨어졌을 때는 Boostering(가격 촉진)정책을 사용하고, 가격이 올라갔을 때는 억제하는 단순한 정책을 시행합니다. 그런데 부동산 가격이 떨어졌을 때 가격을 다시 올리는 것을 목표로 하기 보다는, 부동산 가격이 안정적으로 움직이도록 하는 것이 더 중요합니다. 부동산 가격이 안정적으로 움직이면 큰 이득이나 손해가 나지 않기 때문에 사람들이 부동산 자산에 매달릴 필요 없이 다른 활동을 하면 되거든요. 하지만 이렇게 가격 진폭이 크다는 것은, 가격이 낮을 때 사서 가격이 높을 때 팔면 엄청난 차익을 누릴 수 있다는 뜻이죠. 이런 차익을 누릴 수 있으니까, 바보가 아닌 이상 모두 부동산에 모이는 거죠. 가격의 변동 폭이 클수록 불로소득을 얻을 확률이 큽니다. 실제로 IMF때, 주택 가격이 폭락하고 직장에서 쫓겨나고 하니까, 많은 사람들이 아파트를 내다 팔았어요. 그런데 어떤 사람들은 아파트를 막 사 모았습니다. 그 사람들에게 '경기도 안 좋은데 왜 부동산을 사 들이느냐'고 물어보면, '나라가 망하면 결국 아파트를 가지고 있건 가지고 있지 않건 똑같이 다 망하는 거다. 하지만 만약 나라가 망하지 않으면, 정상으로 돌아갔을 때 돈이 되기 때문이다'고 대답했습니다. 그리고 결국 큰 돈을 벌었죠. 이것은 우리나라에 부동산 가격 변동이 심하게 있다는 것을 내다볼 줄 안 것입니다.

이 그래프를 보면, 70년대 후반에는 한해에 140%까지도 가격이 오릅니다.

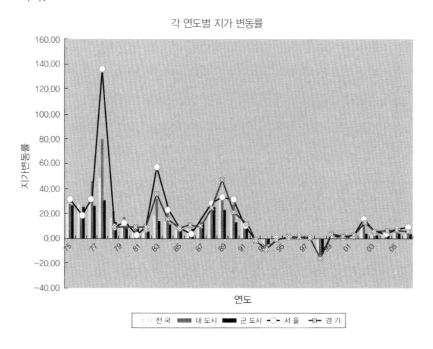

각 연도별 지가 변동률

요새 은행에 저금하면 이율이 얼마죠? 3% 안팎입니다. 그런데 한 해에 부동산 가격이 이렇게 오릅니다. 그러니 부동산 매매를 안 하는 사람이 바보 아니겠어요? 이렇게 큰 변동이 있으니까 투기를 할 수밖에 없게 됩니다. 뒤로 올수록 진폭이 작아지는데, 그렇다고 금액이 적어지는 것이 아닙니다. 초기에는 상승률은 커도, 단위당 금액이 작았지만, 뒤로 올수록 단위당 가격이 매우 크기 때문에 한 사이클만 돌아도 큰 돈을 벌 수 있게 됩니다.

참여정부 시기의 부동산 가격 변화

최근 들어 부동산 가격이 가장 많이 오른 때는 참여정부 시기입니다. 주택 가격이 급등했는데 수도권의 경우에는 70% 이상 오른 지역도 있습니다. 지방의 경우는 상대적으로 가격이 덜 올랐고요. 그렇게 되면 가격 격차가 커지면서 주택 가격이 오르지 않은 지역 사람들은 가만히 앉아서 상대적으로 가난해지는 겁니다. 내가 아무리 열심히 일을 해도, 가만히 앉아서 부동산 가격이 70, 80%가 오르는 사람보다 가난해지는 겁니다. 게다가 내가 가진 집 가격이 떨어지기라도 하면, 몇년 새에 '어어' 하다가 다른 사람에 비해 재산이 100% 이상 벌어지는 게 되는 거죠. 내가 특별히 잘못한 것도 없는 데 말이죠. 그냥 열심히 새벽 5시에 나와서, 죽어라고 지하철 타고 출퇴근하면서 싫은 소리 들어가며 일한 것밖에 없는데 어느새 재산 차이가 100% 이상 차이 나게 되는 거죠. 그래서 토지, 주택에 관해 더욱 신경써야 하는 것입니다.

온 국민의 토지와 주택이 모두 다 똑같이 오르면 상관이 없습니다. 토

지역	타워팰리스(A)	강북구	은평구	종로구	중구
시가총액	485	429	381	204	368
A/지역(%)	100	113	127	238	132

자료 : 스피드뱅크(2004. 6월 기준)

지라는 것은 지역에 따라서 오르는 곳과 오르지 않는 곳이 명확하게 구분이 됩니다. 그리고 지역에 따라서 가격이 엄청나게 차이가 납니다. 구조적으로 불평등할 수밖에 없는 것이죠. 그래서 소위 말하는 '버블 세븐(Bubble Seven)'이라는 지역도 생겨나는 겁니다. 이 지역 중 하나인, 그 유명한 도곡동 타워팰리스를 예로 들어봅시다. 도곡동 타워팰리스의 가격을 2004년 6월 당시 조사해봤더니, 4조 8천 5백억 원이었습니다. 이 가격은 강북구나 은평구에 있는 모든 아파트의 가격을 더한 전체 액수보다도 더 비싼 것입니다(강북구 4조 2천 9백억 원, 은평구 3조 8천 1백억 원). 그만큼 격차가 큽니다. 도곡동 한 지역의 타워팰리스라는 아파트 단지 총액이 강북구와 은평구

전체의 아파트 단지를 다 합친 것보다 비싸다는 것이죠. 그만큼의 불평등이 발생한 것입니다.

당시 가격 변동이 아파트의 경우에 가장 심했다는 것을 알 수 있습니다. 참여정부 정권 말기로 오면 아파트 가격의 값이 크게 오릅니다. 그

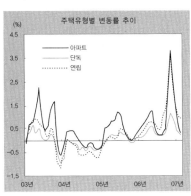

주택유형별 변동률 추이

러나 단독 주택이나 연립 주택의 가격은 상대적으로 오르지 않았죠. 내가 어디에 사는가와 내가 사는 곳의 형태가 무엇이냐에 따라서 재산 소득 격차가 크게 나게 된 것입니다.

다음으로 볼 것은 개별공시지가로, 지역 간에 얼마만큼 격차가 있는가를 보여줍니다. 2009년을 기준으로 땅의 공시가격이 어느 정도냐 하는 것이죠. 전국적으로 보면 우리나라 땅값 전체가 3천 1백조 정도 됩니다. 그런데 그 중에 서울이, 면적으로는 1%가 채 되지 않으면서도 땅 값의 31%를 차지하고 있습니다. 그만큼 서울 지역이 비싸다는 것이죠. 그런데 문제는 가격 차이로만 끝나지 않습니다. 지방세는 주민들의 재산세를 원천으로 하여 확충됩니다. 이런 구조는 땅값이 그 자체의 높고 낮음으로 끝나는

시·도별 부동산공시가격 유형별 가격총액 (2009년 기준)

| 구분 | 개별공시지가 | | | 공동주택(백만원) | | 단독주택 |
	면적(천m²)	총지가(백만원)	평균지가(원/m²)	전체	아파트	(백만원)
전국	91,567,236 (100)	3,094,443,502 (100)	33,794 (100)	1,349,666,989	1,215,575,993	335,378,309
서울	539,765 (0.59)	972,520,380 (31.43)	1,801,747 (5332)	541,176,723	470,639,746	192,204,471
부산	710,713 (0.78)	137,390,360 (4.44)	193,313 (572)	65,355,410	60,243,626	56,408,728
대구	723,387 (0.79)	90,413,574 (2.92)	124,986 (370)	44,283,335	41,551,841	86,765,110
인천	970,365 (1.06)	177,277,468 (5.73)	182,692 (541)	77,445,520	67,103,311	108,957,437
광주	445,945 (0.49)	45,827,261 (1.48)	102,764 (304)	21,927,865	21,577,377	18,393,554
대전	428,150) (0.47)	60,139,336 (1.94)	140,463 (416)	30,245,201	28,854,928	15,794,069
울산	945,905 (1.03)	43,859,569 (1.41)	46,407 (137)	19,934,579	18,652,114	11,355,699
경기	9,125,267 (9.97)	887,959,256 (28.71)	97,308 (288)	396,301,920	362,301,920	6,467,635
강원	15,975,242 (17.45)	69,859,256 (2.26)	4,373 (13)	14,440,170	13,722,661	9,442,896
충북	6,839,504 (7.47)	67,280,114 (2.17)	9,837 (29)	16,971,858	16,269,328	6,310,574
충남	7,901,909 (8.63)	147,892,991 (4.78)	18,716 (55)	23,654,447	22,377,652	71,891,335
전북	9,038,090 (8.63)	59,968,647 (1.94)	8,521 (25)	18,138,614	17,646,418	10,056,850
전남	7,038,090 (7.69)	65,263,657 (2.11)	6,007 (18)	11,578,145	11,104,134	8,997,068
경북	10,863,776 (11.86)	103,691,148 (3.35)	5,826 (17)	22,515,189	20,677,915	12,903,729
경남	17,799,433 (10.47)	133,148,430 (4.30)	13,885 (41)	41,633,178	39,885,964	7,986,524
제주	1,670,747 (1.82)	31,915,104 (1.03)	19,102 (57)	4,297,976	2,967,060	8,113,887

것이 아니라, 그 지역에서 사람들이 누릴 수 있는 복지의 품질과도 연결이
됩니다.

한국 사회 전반에 영향을 미치는 부동산 문제

우리나라는 토지, 주택 문제가 정치 문제, 정치적 행위로도 연결되는
것을 볼 수 있습니다. 제시한 두 개의 지도에서 왼쪽은 서울의 주택 재개
발과 재건축 예정 지역을 지도에 표시한 것입니다. 이 지역이 왜 중요한
가 하면 재개발·재건축 지역이기 때문입니다. 지금도 문제가 되고 있습
니다만, 예전에는 '재개발·재건축을 하면 떼돈을 번다'는 인식이 널리 퍼
져 있었습니다. 그래서 사람들이 자기 집이 재개발·재건축 지구에 편입되
기를 굉장히 바랐습니다. 재개발·재건축 조합장을 서로 맡기 위해 싸우기
도 했고, 재개발·재건축 지구에 선정되면 축하 플래카드를 걸기도 했습니
다. 재개발·재건축은 아무 곳이나 할 수 있는 것이 아니고, 전문가들이 건
축 안전 진단 결과 집이 곧 무너질 위험이 있거나 지은 지 15년, 20년 이
상 경과해서 낙후되는 등 몇 가지 요건을 갖춰야 합니다. 그래서 전문가들
이 진단해서 재건축 지구로 지정되면, 아파트 단지 입구에 "경축: 우리 아
파트단지 재건축 지구 지정"이라고 플래카드가 걸립니다. 자기 집이 다 무
너지게 될 집이라고 좋아하는 나라는 우리나라밖에 없을 겁니다. 심지어
는 국회의원 선거 후보자들이 재개발·재건축을 공약으로 내겁니다.

왼쪽은 주택재개발과 재건축예정지역, 오른쪽은 18대 국회의원 선거에서 입후보자들이 내건 뉴타운 공약지역.

위 오른쪽 지도는 18대 국회의원 선거에서 뉴타운 공약을 내건 선거지구를 표시한 것입니다. 한나라당이고 민주당이고 다르지 않습니다. 서울 전체에서 '나를 국회의원으로 뽑아주면 우리 동네를 싹 재건축이나 재개발을 하겠다'고 합니다. 그리고 실제로 그렇게 공약을 내건 사람들이 국회의원으로 당선된 후 부동산 경기가 확 가라 앉으면서 이것이 갑자기 문제가 됩니다. 재개발·재건축 지구로 지정되면 집도 제대로 못 고칩니다. 빨리 재개발·재건축이 되지 않고 시간이 흐르면서 집들이 슬럼화되는 현상이 일어납니다. 그 사이 집값은 떨어지고요. 주택투기가 하도 심해지다 보니까 자연경관이나 환경을 신경 쓰지 않고 난개발을 하게 됩니다. 산 절반을 뚝 잘라서 아파트 단지를 만드는 등의 행태가 발생하는 거죠.

집값이 너무 오르니까 참여정부 때 대통령, 수석비서관, 국무총리, 건교부 장관, 모두가 다 나서서 '하늘이 두 쪽이 나도 집값은 꼭 잡겠다'고

했는데 집값이 떨어지기는커녕 그렇게 말할 때마다 집값이 계속 올랐죠. 그래서 참여정부 내내 애를 먹었습니다. 그러나 이 문제는 단순히 정부만의 문제가 아니고, 주택 가격·투기 그리고 이를 둘러싼 이권의 문제로 우리의 일상생활 깊숙이 들어와 있는 문제입니다.

하우스 푸어의 시대로 상황 전환

이제는 오히려 집을 가지고 있는 것이 고역이 될 정도의 상황이 서서히 오고 있습니다. 우리는 이것을 '하우스 푸어(House Poor)'의 시대라고 합니다. 하우스 푸어는 학술적 개념은 아니고, 직역을 하면 말 그대로 '집을 가진 가난뱅이'란 뜻이죠. 집까지 가지고 있는데 왜 가난뱅이냐? 노동시장에서는 소득이 줄어들고 있는데, 커다란 집을 그것도 대출을 받아 산 집을 가지고 있다는 것입니다. 대출을 받아 집을 샀으니 외상값을 갚아야 하는데, 노동시장에서 버는 소득은 줄어들고 있거나 퇴출 위기에 몰려 있는 것입니다. 벌이는 시원찮은데 외상값을 계속 갚아야 하니까 정상적인 생활이 어려워지는 상황에 놓인 사람들을 언론에서 하우스 푸어라고 부르고 있습니다. 미국 새크라멘토의 텐트촌이 하우스 푸어에서 결국 완전히 집 밖으로 쫓겨난 사람들을 보여줍니다. 미국은 주택 가격이 10이라고 하면, 그 중의 8까지도 은행에서 대출을 받을 수 있습니다. 우리나라는 그 정도까지 대출이 많은 비중을 차지하지 않지만, 상당히 많은 사람들이 집 빚을 갚기 위해 고생하고 있습니다. 추계를 하는 기관에 따라 다릅니다만, 적게는 4만 가구, 많게는 156만 가구 정도가 하우스 푸어에 해당합니다.

'렌트 푸어(Rent Poor)'라는 개념도 있습니다. 렌트 푸어는 집 값이 아니라 임대료, 전세금, 보증금을 대출받아 마련했기 때문에 그 외상값을 갚기가 벅찬 사람들을 말합니다. 그러니까 하우스 푸어보다 렌트 푸어가 더 힘든 사람들이죠. 이런 렌트 푸어도 증가를 하고 있으며, 현재 240만 가구 정도가 있다고 집계됩니다.

연령별로 하우스 푸어 분포를 살펴보면, 20대는 자기 집을 갖기 힘드니까 하우스 푸어가 발생할 가능성도 낮고 실제로 차지하는 비중도 낮습니다. 40대~50대 사이가 하우스 푸어가 발생할 가능성이 가장 높은 세대입니다. 한창 주택 가격이 급등할 때, 집을 가지고 있지 않으면 상대적으로 손해를 보게 된다는 이야기를 앞서 했습니다. 그래서 집을 살 형편이 되지 않더라도, 대출을 받아 집을 사려고 합니다. 예를 들어 이자를 10% 정도 주고 집을 샀는데, 집이 20% 오르면 10%가 이득이 되지 않습니까. 그런데 내가 집을 살만큼 충분한 돈이 없다고 해서 내 집을 안 사고 다른 집에 살면, 오히려 월세가 빠져나가고, 남들은 집값 20%가 오르니까 내가 상대적으로 손해를 보는 겁니다. 그러니까 사람들이 무리해서 집을 삽니다. 이후 집값이 떨어지고 무리해서 집을 샀던 사람들이 깡통을 차게 되는 거죠. 그래서 이런 집을 '깡통주택'이라고도 부릅니다. 예를 들어 내가 은행에서 1억원의 빚을 지고 1억 5천만원짜리 집을 샀는데, 집값이 계속 떨어져서 1억원 밑으로 갑니다. 그러면 이 집을 팔아도 외상값을 못 갚기 때문에 깡통주택이라고 부르는 겁니다. 집값이 떨어지는 것과 상관없이 은행 빚은 갚아야 하고, 집값은 계속 떨어지니까, 유일한 방법은 빨리 그 집을 팔아서 외상값을 갚는 것이죠. 이렇게 되면 본전도 못 건지고, 살던 집에서도 쫓겨나는 최악의 결과가 발생하게 됩니다. 이것이 바로 하우스 푸어 문제의 비극이죠.

공간 개발과 이익의 귀속

사회는 더 좋아지고 발전했다고 하는데, 왜 이런 일들이 반복적으로 발생하는 걸까요? 토지와 주택이 어떤 괴물이기에 이런 일들이 발생하는 겁니까? 공간을 개발하게 되면 이득이 발생합니다. 그런데 이 이득은 내가 노력을 해서 벌어들이는 이득이 아닙니다. 내가 A라는 지역에 땅을 샀다고 합시다. 그런데 이 주변에 도서관이 들어오든지 공단이 들어오든지 도시가 들어서든지 하면 내가 아무 것도 한 것 없이 땅값이 엄청나게 오릅니다. 평당 1백원에 땅을 사서 몇 년 묵혀두었더니, 그 지역이 개발되면서 평당 1만원이 되었다면, 이 사람은 가만히 앉아서 어느 날 떼돈을 버는 겁니다. 그런데 누군가는 상대적으로 손해를 보게 되는 거죠. 토지와 주택은 돈을 버는 사람이 그에 상응하는 노력이나 행위를 통해 이익을 보는 것이 아니라는 점이 문제입니다. 내가 연봉이 많고 임금이 올라가는 것은 사실은 그만큼 죽기 살기로 일한다는 겁니다. 그러나 토지나 주택 가격이 올라가는 것은 불로소득입니다.

오늘날 신고전파 경제학을 창시했다고 하는 제본스(William Stanley Jevons)를 비롯해 신고전파 계열의 학자들도 토지나 주택을 통한 소득이 자본주의에 암적인 존재가 될 수 있다고 경고했습니다. 노동을 통해 얻은 소득이 아니기 때문입니다. 그래서 도시 개발에 따른 파생 이득을 누가 가져야 하는가에 대한 문제가 제기됩니다. 땅의 소유자에게 이득을 줄 것인가, 아니면 그 이득을 사회에 귀속시켜야 하는가의 문제이죠. 논리적으로 보면 사회가 발전하면서 만들어 낸 이득은 그 사회가 거두어 간 후, 복지 시스템 등을 통해서 재배분을 해줘야 합니다. 그러나 자본주의 사회에서는 그 이득을 토지의 소유주에게 귀속시키고, 이것을 거둬가려고 하면 사유재산을 침해한다고 저항합니다.

우리나라에서도 1기 헌법재판소에서 이와 관련한 판결들, 그것도 진보적인 판결을 내린 적이 있습니다. 그 내용을 보면, 토지라는 것은 공공성을 가지고 있기 때문에 사회 공동체의 이득을 관철시켜야 한다는 요지가 들어있습니다. 사유재산이라고 해도 토지는 사회적 의무를 가지고 있다는 것이고, 그래서 소유권도 제한할 수 있다는 것입니다. 또, 통상적으로 땅값이 올라도 토지를 팔지 않으면 그 이득이 실현(Realization)되지 않습니다. 토지나 집을 팔아야 실질적인 차익을 얻는 것이니까요. 팔아서 돈을 받기 전까지는 실제로 이득이 실현된 것이 아니기 때문에, 보통은 미실현 이득에 대해 과세를 하지 않도록 합니다. 그런데 헌법재판소는 토지에 대해서는 자본이득의 범위를 미실현 이득의 범위에까지 확장하는 입장을 보여줌니다. 또한 개발 이익의 성격과 귀속에 대해 "개발이익은 토지 소유자의 노력으로 만들어지는 것이 아니기 때문에 국민 모두에게 귀속시켜야 한다"고 합니다. 우리나라 헌법재판소는 총론 수준에서는 기본적으로 이와 같은 입장을 가지고 있습니다.

그런데 왜 토지, 주택을 둘러싼 문제들이 시정되지 않을까요? "악마는 디테일에 숨겨져 있다"는 말처럼, 각론으로 들어가면, 총론과는 다른 부분들이 있기 때문입니다.

이번에는 미국 헌법의 경우를 살펴보겠습니다. 미국 수정헌법 5조는 "누구라도 정당한 법의 절차에 의하지 않고서는 생명, 자유 또는 재산을 박탈당하지 않는다. 또 정당한 보상 없이 사유재산을 공익목적으로 수용당하지 않는다"고 명시하고 있습니다. 수용이라는 것은 영어로는 'Compulsory Purchase', 즉 강제 매수란 뜻입니다. 강제로 사들이는 거죠. 우리나라는 헌법 23조 2항과 3항에 수용에 대해 규정하고 있습니다. 2항은 수용된 재산이 공공복리를 위해 쓰여야 한다는 것을 말하고 있고, 3항은 법에 따른 정당한 보상 없이는 수용할 수 없다고 말하고 있습니다. 미국 수정헌법 5조를 우리나라는 3개 항으로 풀어서 규정하고 있는 것이죠.

여기서 문제가 되는 부분은 2가지입니다. 공익목적과 정당한 보상이라는 부분이죠. 먼저 공익목적에 대한 부분을 보면 무엇이 공익이냐는 겁니다. 아무개가 소유한 이 땅에 중요한 큰 개발단지를 만들고 싶은데, 땅 주인이 땅을 팔려고 내놓지를 않습니다. 그러면 문제가 생기는 거죠. 이렇게 되면 정부가 자신이 가지고 있는 주권을 행사하게 됩니다. 이 주권이 무엇인가 하면, '공용수용권'이라는 겁니다. 공용수용권은 공적 목적으로 쓰일 사유재산을 강제로 매수할 수 있는 권력입니다. 국가는 이러한 권력을 합법적으로 가지고 그 땅을 강제로 빼앗을 수 있습니다. 국가는 합법적이고도 배타적으로 폭력을 행사할 수 있죠. 다만 그 목적은 공적인 것이어야 합니다. 그런데 어떤 것이 공적 목적인가, 무엇이 공익인가를 누가 정할 것인가라는 물음이 생기죠. 여기서 차별의 문제가 발생합니다. 재산이라고 해서 다 똑같은 재산이 아닌 겁니다.

미국 헌법학계를 보면, 공익의 개념이나 무엇이 공익이고 무엇이 아닌가의 기준에 대해서 딱히 정해진 것이 없습니다. 역사적으로 보면 대략 3가지의 흐름을 통해 변화를 정리해볼 수 있습니다. 무엇이 공익이냐? 가장 좁은 의미의 첫 번째 의미는 'Public Ownership'(공공소유)입니다. 이것은 강제로 수용한 재산을 정부나 공공기관이 소유하고 있어야 한다는 것입니다. 예를 들어, 서울대학교를 만들기 위해서 누군가로부터 이 땅을 강제로 빼앗았으면, 이 땅은 영원히 정부가 소유하고 있어야 하는 겁니다. 민간인이나 다른 조직에 팔면 안 됩니다. 다음으로 두 번째 의미는 첫 번째 의미보다는 넓은 의미로, 'Use by the Public'(공중에 의한 사용)입니다. 첫 번째 의미와 달리, 수용한 재산에 대한 소유권을 누가 가지고 있든지 상관은 없습니다. 정부가 가질 수도 있고 공공기관이 가질 수도 있으며 민간인이 가질 수도 있습니다. 다만 강제로 매수한 재산 위에 개발한 것은 일반인에게 개방해야 합니다. 누구는 들어와서 사용할 수 있고, 누구는 들어올 수 없다고 해서는 안된다는 것이죠. 모든 국민이 차별없이, 불편부당하게 그 재산을 사용할 수 있어야 합니다. 철도 건설을 예로 들어봅시다. 첫 번째 견해(공공소유)에 따르면 철도는 국영철도만이 공익에 부합합니다. 강제로 땅을 빼앗아 철도를 만들었으면, 그 철도를 영원히 국가가 소유하고 있어야 한다는 것이죠. 그러나 두 번째 견해(공중에 의한 사용)에 따르면 민간인이 소유하고 있어도 공익에 부합할 수 있습니다. 다만 특별한 조건을 붙여서 철도를 특정 누구는 이용할 수 없게 만들면 안 되는 것이죠. 민영 철도도 가능하죠. 세 번째 의미는 오늘날 문제가 되고 있는 의미로 'Public Purpose or Benefit'(공적목적 또는 공적편익)입니다. 그 지역사회나 여러 사람에게 공적인 이득을 준다면 공익으로 보고 강제로 재산을 빼앗을 수 있다는 겁니다. 지역사회나 여러 사람에게 이득을 준다는 것은 좋은 개념이죠. 그런데 왜 문제가 될까요? 여러 사람에게 이득을 준다는 것을 판단하는 판단준거가 명확하지 않기 때문입니다. 일자리가 많이 생기면 사람들이 몰리고, 사람들이 많아지면 집값도 올라 지역 주민들에게도 좋고, 집값이 많이 오르면 세금도 많이 내니까, 거둔 세금으로 지역 내의 가난한 사람들에게 무상교육과 같은 복지혜택을 줄 수도 있습니다. 여러분은 이것을 공익이 아니라고 판단하시겠습니까? 1950년대 중반부터 미국 연방 대법원이 이런 경우는 여러 사람에게 이득을 주게 되므로 집과 땅을 강제로 수용할 수 있다고 판결하기 시작한 것입니다. 그래서 도시 재개발, 재건축 사업 아래 빈민이나 흑인들이 원래의 주거지역에서 많이 쫓겨나게 됐습니다.

가장 최근의 사건은 2005년의 켈로 사건(Kelo v. City of New London)입니다. 미국 코네티컷 주의 뉴런던이라는 작은 도시에서 일어난 사건입니다. 이 곳은 원래 미 해군기지가 있었던 곳인데, 해군기지가 다른 지역으로 이사를 가니까 관련 산업에 종사하던 사람들도 빠져나가고 자꾸 도시 인구가 줄어들기 시작해 불과 2만 5천 명 정도밖에 남지 않았습니다. 그래서 쇠퇴한 도시를 다시 살리기 위해서 뉴런던 시가 도시개발을 계획합니다. 이 때 화이자(Pfizer) 라는 유명한 제약회사가 뉴런던 시 지역에 연구개발 시설을 짓고 연구개발 시설과 관련된 호텔 시설도 짓겠다고 나섭니다. 시 입장에서는 일자리도 생겨나고 세금 수입도 늘어날 터이니 환영하였죠. 그런데 화이자가 1~5지구에 투자를 하려고 하는데, 4A지구 블록 모서리에 살고 있는 켈로(Kelo)라는 중산층 백인여성이 떠나기를 거부한 것입니다. 이 아줌마는 여기에 홀로 살고 있는데, '왜 내 멀쩡한 집을 강제로 뺏어서 화이자라고 하는 민간 대자본에게 넘기려고 하느냐, 나는 갈 데도 없다'고 하면서 소송을 걸게 됩니다.

이 소송이 코네티컷 지방법원부터 시작해서 코네티컷 주 대법원을 거쳐 결국 2005년에 미국 연방 대법원까지 갔습니다. 과거의 재개발과 관련된 수용 문제는 도시 재개발이 주로 슬럼가에 대해 이뤄지다 보니까 흑인들이 문제를 제기한 사람들이었죠. 그래서인지 진보적인 판사들도 슬럼가를 개발하는 것에 대해 시나 대재벌의 손을 들어주곤 했습니다. 그런데 이번 사건은 백인 중산층 여성이 제기한 문제였기 때문에 더욱 논란이 커졌던 것이죠. 서로 치고 받고 싸우다가 5대 4로 수용이 합헌이라는 판결이 나왔습니다. 하지만 그 4명이 끝까지 반대를 했고, 그 중에서도 미국 최초의 여성 대법관인 샌드라 데이 오코너(Sandra Day O'connor)가 격렬하게 저

Kelo 여사 소유의 주택

항을 했습니다. 이 법관이 반대하는 근거로 내세운 논리 중의 하나는 이런 것이었습니다. A라는 상태의 토지에 자본을 투자해서 B라는 토지로 바꾸어 놓는 것이 공익에 해당한다고 한다면, 이 세상 모든 도시를 A에서 B로 바꾸는 것은 모두 다 공익이 되는 것이라고 볼 수 있죠. 그런데 그렇게 되면 미국 전역에 있는 도시민들은 자본이 원하면, 원하는 그 순간 모두가 다 수용의 대상이 될 수 있는 것인데, 이것이 말이 되느냐는 것이죠. 그리고 도시를 개발하는 사람들은 누구입니까? 여러분 같은 사람들이 도시를 개발할 수 있겠습니까? 엄청나게 큰 돈과 권력을 가진 사람들이 도시를 개발할 수 있죠. 즉 돈 있는 개발업자들과 토지 및 수용 관련 법안을 다

켈로의 집(The Kelo House)

루는 의회 정치인들이 도시를 개발하게 됩니다. 그러니 돈 있는 사람들과 정치권력을 가진 사람들이 동맹을 맺으면 일반 국민들의 토지를 얼마든지 수용해버릴 수 있는 기초가 마련되는 것입니다. 이 판결 이후 이러한 동맹을 'Unholy', 즉 부정한 동맹이라고 부릅니다. 연방 대법원 판결문을 읽어보면 이처럼 철학적이고 깊이 있는, 재미있는 판결들이 많습니다.

결국 강제 수용이 합헌이라고 판결이 나서 화이자가 이 집을 수용하게 됩니다. 이 사건에서는 좌파와 우파가 동맹을 하여 강제 수용에 반대를 하게 됩니다. 왜냐하면 좌파는 못사는 사람들을 거주지로부터 내쫓는 것에 반대하기 때문에 수용에 반대를 하고, 전통적으로 우파는 사유재산권을 신성시하기 때문에 수용에 반대를 합니다. 켈로의 집은 정통 보수주의자들이 사유재산권의 상징이자 기념물로 전시하기 위해, 뉴런던 시 가운데에 옮겨 복원해 놓았습니다.

켈로 사건에서 합헌 판결을 반대하는 사람들이 시위해놓은 모습을 찍은 것으로 '공용수용을 끝장내자', '화이자는 가난한 사람들을 증오한다',

'뉴런던 시는 가난한 사람들로부터 도둑질하는 부자'라고 쓰여 있습니다. 이처럼 켈로 사건은 2005년 굉장히 유명한 사건이었습니다.

그 뒤로 어떻게 됐을까요? 대재벌인 화이자를 위해서 시가 땅을 강제로 수용해 주었는데, 그 결과가 어떻게 됐을 것 같습니까? 화이자는 그 뒤로 '세상이 바뀌어서 생각이 바뀌었다, 글로벌 R&D 센터는 뉴런던 시가 아닌 다른 곳에다 짓겠다'고 말을 바꾸고 다른 지역으로 가버렸습니다. 그래서 뉴런던 시에서 수용한 땅은 낙동강 오리알처럼 빈 터로 남겨졌죠.

공용수용과 공익, 불로소득의 문제

모든 도시개발이나 토지개발은 개발이득이 생깁니다. 그래서 개발이득의 주체는 물론 개발로 인해 쫓겨난 사람들도 문제가 됩니다. 한국 사회나 미국 사회나 비슷한 문제가 발생합니다. '무엇이 공적 목적이냐?'라는 질문은 애매한 만큼, 부정한 동맹에 의해서 자의적으로 정의되는 문제가 발생하는 겁니다. 같은 사유재산이라 하더라도 보호받지 못하는 사유재산이 생긴다는 것이죠. 지금까지 우리가 살펴 본 미국의 사건들이 이를 잘 보여주었습니다. 그렇다면 우리나라는 이런 사건들이 없었을까요? 미국에서는 켈로 사건처럼 대형 사건들이 발생했고, 이 사건들에서 부정한 동맹을 맺은 공범들이 눈에 명확히 보였지요. 우리나라에는 이러한 사례들이 없을까요? 이득 보는 사람 따로, 손해 보는 사람 따로, 사유재산 간의 차별이 있는 그런 사례들이 없었을까요? 미국의 화이자는 우리나라로 말하면 삼성, 현대와 같은 대기업들이잖아요. 이런 대기업들이 토지를 강제로 빼앗아서 논란이 된 사건은 우리나라에는 드뭅니다. 아산 탕정면의 한 농부하고 삼성하고 싸운 사건이 조금 유명했던 사건입니다. 우리나라에서는 대재벌이 공범인 것이 아니고, 국민 모두가 다 공범입니다. 왜일까요? 우리는 대단위 택지 개발을 많이 합니다. 일산, 분당, 평촌 이런 곳들이 대표적인 예죠. 택지 개발이라는 것은 그 곳에 있는 원주민들, 옛날부터 농사를 지으며 살던 사람들의 재산을 강제로 수용해서 땅을 정비하고 그 위에 아파트를 짓는 작업입니다. 완공된 아파트는 지은 건축업체들이 마음대로 가격을 매기든지 공적 가격을 통해 통제를 받은 가격을 매기든지 한 후 민간인들에게 팔아넘기는 과정을 거칩니다. 최초로 분양을 받은 민간인은 매입한 가격에 프리미엄을 아주 많이 붙인 후 다시 팔아서 이익을 봅니다. 미국에서는 화이자 같은 대재벌들이 토지를 수용해서 이득을 보지만, 한국에서는 빼앗은 농민의 땅 위에 지은 대단위 아파트 단지에 최초로 입주한 주민들이 이득을 봅니다. 잘 노출이 되지 않을 뿐 일반 시민들이 다 공범이에요. 수십만 명의 사람들이 연루가 되어있는 겁니다.

다음은 용인에 있는 한 아파트 단지를 대상으로, 이 아파트에서 나오는 이득이 얼마이고 누가 그 이득을 가져가는가를 추계한 자료입니다. 농민으로부터 최초로 토지를 수용할 때 지불하는 가격은 평당 약 57만원입니다. 이 가격에 토지를 산 토지개발공사는 수용한 택지를 상품으로 만들기 위해 도로도 깔고, 흙도 평평하게 해 놓는 등 자본을 투자합니다. 이렇

최초토지	사업시행자의 개발 및 공급행위			· 감리자 지정신고 시 허위로 택지가격 신고	주택건설업자의 주택건설 및 주택분양행위		
최초수용토지 가격변화 (평당)	56.6만원	114.7만원	202.2만원		405.4원	405.4원	668만원
가격변화율	100%	202.7%	357.2%		716.3%	716.3%	1,180.2%
공급택지 가격 (평당)	56.6만원	260.2만원	347.6만원	· 택지 전매행위 발생	551만원	주택원가 657만원	분양가 706만원
이익향유	토지 소유자	택지개발 사업시행자	택지개발 사업시행자		건설업자 및 택지전매자	주택 건설업자	주택 건설업자
비고	· 수용토잠 여당 보상 가액 · 정당보상 원칙 · 사업면적 대비 용지 비에 해당	· 택지조성원 가에서 조성 비와 산접비 145.6만원 제 외한 가격 · 유상공급면 적 대비 용지 비에 해당	· 택지분양가 격에서 조성 비와 간접비 145.6만원 제 외한 가격 · 공급가격체 계에 의한 택 지분양수업	· 주택건 설시 용적 율 200% 로 가정하 고 추계함	· 감리자 신 청시 신고택지 가격에서 택지 조성에 따른 조성비와 간접 비 145.6만원 제외한 가격	· 주택건설업 자의 주택건설 · 평당 건축비 는 대한주택공 사 용인동백지 구 평당 372만 원 상정	· 주택평당분양 가격 706만원에 서 건축비 372 만원을 제외한 가격 334만원 · 용적률 200% 적용시 택지귀 속이득 668만원

게 투하한 자본이 약 146만원 정도 됩니다. 그러면 최초로 수용된 토지는 토지개발공사가 들인 노력에 의해 평당 260만원짜리 토지상품이 됩니다. 여기서 토지개발공사가 투하한 자본 값인 146만원을 제하면 이 땅은 평당 114만원으로 가격이 변하게 되는 겁니다. 다시 말해 57만원에 산 땅이 약 간의 자본 투자를 통해 114만원짜리 땅이 되는 겁니다. 그리고 이 땅을 아 파트를 지으려고 하는 사람들에게 팝니다. 지금은 토지개발공사가 LH(토지 주택공사)로 합쳐졌지만, 이 당시에는 집은 짓지 않고 땅만 팔았거든요. 이 때 평당 347만 6천원에 팝니다. 그러니까 처음에 57만원에 산 땅에 146 만원의 노력을 들여서 347만원에 땅을 팝니다. 여기서 남는 이득이 202만 원이 됩니다. 그래도 토지개발공사는 봐줄 수도 있습니다. 토지개발공사는

이렇게 해서 생기는 돈으로 다른 못사는 동네에 가서 또 자기 자본과 노력을 들여서 개발을 해주니까요. 그런데 한 때, 땅이 잘 안 팔리고 분양이 안 되었을 때는 토지개발공사가 개발을 해 놓은 땅을 꼭 건설을 하지 않더라도 사갈 수가 있었습니다. 재주가 있는 사람들은 은행에서 돈을 빌려서 그 돈으로 토지개발공사의 땅을 입찰을 해놓고, 나중에 건설업자에게 이문을 남겨서 팝니다. 그렇게 하면 자기 돈은 들이지 않고 이익을 볼 수 있는 거죠. 이런 사람들은 먼저 땅을 분양 받고, 이 땅을 건설업자에게 돈을 받고 파는 브로커들입니다. 구를 전(轉)자를 써서 전매업자라고도 불렀습니다. 당시에는 이런 전매 제도가 있었습니다. 이 택지 브로커가 토지를 평당 347.6만원에 사서 도시 건설업자에게 551만원에 넘깁니다. 그럼 도시 건설업자에게는 토지 원가가 551만원이 되는 거죠. 그런데 이 551만원 중에서 토지가 개발되는 데 들인 최초 비용인 114만원과 이런 저런 비용을 제하고 나더라도, 57만원짜리 땅이 토지브로커를 거치는 순간 405만원짜리 땅이 되는 겁니다. 이 땅에 건축업자가 주택을 짓습니다. 당시 건축비는 평당 372만원으로 추계됩니다. 그런데 이 주택 건설업자는 그 주택을 지어서 평당 706만원에 분양을 합니다. 그리고 이 주택은 용적률이 200%, 즉 하나의 땅을 두 배로 사용할 수 있기 때문에 57만원에서 시작한 원주민의 땅은 668만원까지 올라가게 됩니다. 가격이 엄청나게 높아졌을 뿐 아니라, 그 가격 차이를 중간에서 누군가가 다 빼어 먹은 것이죠. 그리고 여기서 끝나는 게 아닙니다. 706만원에 최초로 분양받은 사람들이 다른 사람에게 집을 팔 때는 천만원이 됩니다.

연도	구분	내용
1963.11	공영주택가격 규제	· 공영주택의 입주금과 임대료를 건설원가에 연계하여 결정하도록 정함
1973.2	민영주택가격 규제	· 공공주택 및 민영주택의 사업승인권자(지자체장)가 주택분양가격 승인
1977.7	분양가격 상한제 도입	· 공급되는 주택의 규모에 차등을 두지 않고 모든 신축주택에 대해 연도별로 일률적인 가격이 적용됨
1982.12 ~ 1989.10	분양가격 획일적 규제	· 1985년 9월 이전에는 평당 105만원, 이후에는 국민주택규모 초과는 평당 134만원, 국민주택규모 이하는 평당 126.8만원으로 지자체가 행정지도
1989.11	분양가 원가연동제	· 분양가 상한제도 철폐, 원가연동제 실시(주택분양가=택지비+건축비+적정이윤) · 선택사양제도 실시(건축비 7%범위 내에서 실시하되, 전용 18평 이상 주택에 한하여 적용)
1999.1	분양가 자율화	· 분양가격 전면 자율화. 다만, 국민주택기금을 지원받아 건설하는 전용면적 18평 이하 주택에 대해서는 주택은행(현 국민은행)에서 분양가격을 심사
2005.3	원가연동방식 분양가 상한제	· 공공택지에서 건설하는 25.7평 이하 주택에 대해 원가연동방식의 분양가 상한제 도입, 25.7평 이상 주택은 분양가 자율－택지채권 입찰, 택지채권 및 분양가 병행심사제 도입 · 공공택지 내 공공분양주택, 25.7평 이하 민간분양주택에 대해 5개 항목의 원가공개
2006.2	원가연동방식 분양가 상한제 확대	· 공공택지에서 건설하는 모든 평형의 주택에 원가연동방식의 분양가 상한제 도입. 25.7평 이상 주택은 주택채권입찰제를 도입하고, 택지채권 · 분양가 심사제 폐지 · 공공택지 내 공공분양 주택과 25.7평 이하 민영주택에 대해서 7개 항목의 원가공개

　이러한 고리가 전 국토에 퍼져 있습니다. 30대~50대의 대부분의 가구들, 적어도 중산층이라고 생각하는 사람들은 이 고리에 모두 연루되어 있습니다. 그렇기 때문에 무감각한 것이에요. 최초에 땅을 빼앗긴 사람들은 원래부터 먹고 살던 곳에서 쫓겨나 지역 공동체가 해체된 것이죠. 이 사람들이 쫓겨난 후 도시에 와서 옛날에 살던만큼 삶의 질을 누릴 수 있을까

요? 봄, 여름, 가을 농사 짓고 겨울이면 마을회관에 모여 한솥밥을 먹으며 살던 사람들인데 설령 보상금 10억씩이나 받았다고 하더라도 살던 땅 빼앗긴 다음에 무엇을 할까요? 받은 보상금은 자식들이 다 뜯어가고, 자식들에게 주고 남은 돈으로 도시에 거처를 마련할 수 있겠습니까? 시골 땅을 팔아서 도시에 집을 살 수 있겠습니까? 설령 집을 샀다고 하더라도 노동을 해야 일상생활을 할 수 있는 돈이 나올 것 아닙니까. 시골에서야 농사를 지으면 굶어죽지는 않습니다. 농사 짓던 사람들이 도시에 와서 무슨 일을 하겠습니까.

대규모의 택지 개발은 많은 사람들에게 이익을 가져다 준 것처럼 보이지만, 실제로는 이러한 문제가 전 국토에서 일어났습니다. 최소한의 공익 기준이라도 세우기 위해, 공용 수용한 토지에 대한 가격 통제 정책을 시행하게 됩니다. 이러한 통제 정책에서도 문제가 생깁니다. 매년 시장에 공급되는 주택의 일부, 즉 강제수용을 통해 개발된 주택, 예를 들어 시장에 나온 100만 채의 집 중 40만 채의 집에 대해 가격을 통제하면 나머지 60만 채의 집 가격도 영향을 받게 됩니다. 시장의 생리 상, 낮은 가격에 살 수 있는 좋은 집 40만 채가 있으면 다른 60만 채의 집 가격도 멋대로 오르지는 못하는 거죠. 그런데 이 40만 채에 대한 가격통제를 끝까지 유지했으면 되는데, 정책이 이를 일관성 있게 유지하지 못했습니다.

그리고 토지 수용과 관련된 공익에 대해 심각하게 고민을 하지 않았습니다. 일반 사람들의 집을 지어주기 위해 원주민들의 땅을 강제로 빼앗는 것이 과연 공익이라고 할 수 있을까? 이러한 과정에 대해 최소한의 공적

구분		DJ말기	노무현정부 4년					02년대비 증감
		2002년	2003년	2004년	2005년	2006년	합계/평균	
양도차익 현황[주1]	양도차익(a)(조원)	23.5	27.4	31.9	40.3	60.9	160.4	2.6배 증가
	납세자수(b)(천명)	580.3	621.8	617.9	784.7	701.9	2,726.4	1.2배 증가
국민소득 (GNI)	전체	685.1	725.4	781.2	809.3	847.9	3,163.8	1.2배 증가
	개인부문(c)(조원)	450.6	471.6	498.5	518.8	551.8	2,040.8	1.2배 증가
정부예산(순계기준)(d)(조원)		149.7	162.8	141.3	167.9	177.5	819.3	1.2배 증가
1인당 양도차익(a/b)(백만원)		40.5	44.0	51.6	51.3	86.8	58.8	1.2배 증가
국민소득대비(a/c)		5.2%	5.8%	6.4%	7.8%	11.0%	7.9%	1.2배 증가
정부예산대비(a/d)		15.7%	16.8%	19.8%	24.0%	34.3%	19.6%	2.1배 증가

[주1] : 재산관련 양도차익에는 부동산에 대한 양도차익 뿐만 아니라 부동산에 관한 권리(예:분양권, 입주권 등) 및 기타자산(골프회원권, 비상장주식 등) 등의 양도에 따른 차익이 포함되나 부동산 및 부동산에 관한 권리양도에 따른 양도차익이 주류를 이루고 있다고 볼수 있음. 그리고 표상에 명기된 양도차익은 국세청에 집계된 재산관련 양도차익만 나타내고 있어 국세청에 신고하지 않은 1가구 1주택 양도에 따른 양도차익을 감안할 경우 실제 노무현정부 4년간 재산관련 양도차익은 이보다 훨씬 많을 것으로 추정됨

통제를 해야 하는 것이 아닌가? 이런 문제들에 대해 우리는 심각하게 고민하지 않았습니다. 토지 수용 이후 발생한 불로소득을 제대로 처리했는가의 문제에 대해서도 아무런 답이 없습니다. 위의 표는 이한구 의원이 노무현 정부 4년 동안 발생한 부동산 불로소득을 정리한 것입니다. 이 불로소득의 대부분은 서울, 경기 지역에서 발생했고 160조의 불로소득이 발생했습니다. 물론 이 부동산 게임에 참여하지 못해서 한 푼도 이득을 보지 못한 사람들도 있습니다만, 대다수의 국민이 이 게임에 너무나 깊숙이 개입되어 있습니다. 집이 삶에 있어 중요한 수단임에도 불구하고, 다들 주택의 본질을 바로 보지 못하고 있습니다.

인권과 주거권

마지막으로 주거권에 대해 살펴보겠습니다. 국가가 국민으로부터 강제로 토지를 수용할 수 있는 것은 국민으로부터 주권을 위임받기 때문입니다. 그러므로 국가는 국민에게 해야 할 기본 의무들을 가지고 있지요. 그 의무라는 것이 무엇일까요? 국가가 국민에게 해야 할 최소한의 것들은 무엇일까요? 내가 어떤 국가의 국민이라는 것을 떠나서, 인간으로서 내가 가지고 있는 기본적인 권리는 무엇입니까? 이러한 물음 속에서 주택은 어떤 의미를 가지고 있는가에 대해 짚어 보겠습니다.

우리가 보통 인권을 이야기할 때 마샬(Marshall)의 3가지 분류 틀을 씁니다. 마샬은 인권을 공민권, 정치권, 사회권으로 나눴습니다. 공민권은 집회의 자유나 사상의 자유 등 개인의 자유에 관한 필수적인 권리를 말하고, 정치권은 정치적 권한을 동등하게 행사할 수 있는 권리를 말합니다. 대표적인 것이 투표권이죠. 이에 비해 사회권은 애매모호한 개념입니다. 가장 늦게 구성된 권리기도 하고요. 사회권은 그 사회의 구성원으로서 정상적인 삶을 유지하기 위해 필요한 권리들을 지칭합니다. 예를 들어 의료권이나 교육권이 있습니다. 그래서 주거권도 사회권의 한 대상으로 생각합니다. 공공임대주택은 일종의 이러한 사회권 개념으로부터 나온 것이죠. 공공임대주택을 지어서, 그 나라의 국민들 특히 저소득층이 안정적인 생활을 할 수 있도록 하는 것이 국가의 의무이자 국민이 누려야 할 권리라고 생각하는 것입니다.

그러나 이렇게 사회권으로서의 주거권을 이야기하는 것에 대해 킹(King)이라는 사람은 반대합니다. 왜냐하면 복지권으로서 주거권을 주장하게 되면 경제가 안 좋을 때나 세금이 잘 거둬지지 않을 때, 국방 등에 비해 지출순위가 밀리면서 제대로 보장이 안 될 수 있기 때문이라고 합니다. 잔여권으로서 주거권을 생각하게 되면 경기 변동이나 그때 그때의 역학 관계에 따라서 주거권을 보장받지 못할 수 있기 때문에 자유권 차원에서 주거권을 설정해야 한다는 주장입니다. 그런데 이러한 개념은 쉽지 않습니다. 자유권이나 정치권은 보장하는데 큰 돈이 들어가지는 않습니다. 자신의 사상을 마음대로 떠들게 내버려 두는 것(자유권)이나 사람들에게 한 표씩을 행사하도록 하는 것(정치권)에는 많은 돈이 들어가지 않죠. 그러나 모든 사람에게 기본적인 주거를 보장하는 것에는 엄청나게 큰 돈이 필요합니다. 그래서 쉽지 않은 주장이죠.

주거권을 기본적인 인권범주로 설정하자는 논의는 계속해서 있어 왔습니다. '세계인권선언' 제25조 1항에도 주거권이 하나의 기본적인 범주로 포함되어 있습니다. 이 조항은 "모든 사람은 식량, 의복, 주거, 의료, 필수적인 사회서비스를 포함하여 자신과 가족의 건강과 안녕에 적합한 생활수준을 누릴 권리를 가지며"라고 주거권을 명시하고 있습니다. 이 주거권이 더욱 상세하게 잘 규정되어 있는 국제 인권 규정은 해비타트(Habitat)라고 하는 유엔인간정주회의에서 정의한 것입니다. 이 규정에는 '적절한 주거'라는 개념이 나오는데, 아무 장소나 다 집이 아니라는 의미를 담고 있습니다. 즉 적절한 주거라는 것은 "적절한 사생활 보호, 적절한 공간, 물리적 접근성, 적절한 안정성, 점유의 안정성, 구조적인 안정성과 내구성, 적절한 조명·난방·환기, 물 공급과 위생 및 쓰레기 처리 시설과 같은 적절한 기반시설, 바람직한 환경의 질과 건강에 관련된 요소들, 일자리와 기본적인 편의시설에 인접한 적절한 입지 등"을 갖춰야 한다고 최소한의 주거 수준을 규정하고 있습니다. 이러한 내용을 유엔의 사회권 규약에 담고있고, 여기에 비준한 국가들은 이를 지켜야 할 의무를 가지게 됩니다.

유엔 경제·사회·문화적 권리위원회는 1991년 이후 사회권 규약의 주거권에 대한 의미와 내용을 보다 명확하게 하기 위해 유권 해석을 한 '일반논평(General Comment)'을 제시한 바 있습니다. 이 중에서도 일반논평 제4호가 주거권의 내용을 가장 구체적으로 제시하고 있는데, 그 내용을 살펴보면 다음과 같습니다. 첫번째는 점유 형태와 상관없이 점유에 대한 법적 안정성을 보장받아야 한다는 것입니다. 즉 임대차 관계가 안정적이어야 하고, 어떤 경우에도 강제 퇴거를 시키지 말 것을 포함합니다. 우리나라는 이 조항을 잘 지키지 않습니다. 깡패를 시켜서 강제 퇴거를 종종 시키죠. 우리나라도 해마다 유엔으로부터 인권 관련 조사를 받고, 보고서도 제출하도록 되어 있는데, 이 강제 퇴거에 관해서는 개선이 이뤄지지 않는다고 권고를 계속 받고 있는 상황입니다.

두번째는 서비스, 물, 시설, 하부구조에 대한 이용 가능성이 있어야 한다고 규정하고 있습니다. 가끔 뉴스에 전기세를 내지 못해서 한국전력이 전기를 공급하지 않아 겨울에 얼어 죽은 할머니와 손자 이야기가 보도되기도 합니다. 일반논평 4호에 따르면 주거 생활의 안정성 확보에 필요한 편익 시설, 제반 자원 등에 대한 지속적인 접근성이 확보되어야 하므로,

설사 돈을 못내더라도 바로 전기를 끊어버리면 안 되는 거죠. 다만 이 조약을 비준하고 효력을 발생시킨 지는 얼마 되지 않았습니다. 이제부터 매년 추진해야 하는 조약이죠.

세번째는 주거 비용의 적정성을 지켜야 한다는 것입니다. 일반 생활을 하지 못할 정도로 주거 비용이 비싸서는 안 됩니다. 정부가 아무리 좋은 집을 많이 공급한다고 하더라도, 가처분 소득을 대부분 주거비용으로 써야할 정도로 비싼 집을 제공해서는 안 된다는 것입니다.

네번째로는 물리적 거주 적합성을 규정하고 있습니다. 거주지는 적절한 공간 규모를 가지고, 건강 위해 요소로부터 안전을 보장받을 수 있어야 한다는 내용입니다. 쉽게 말해 최소한의 환기·통풍·햇빛이 있어야지, 곰팡이가 피어나는 반지하방을 집이라고 제공해서는 안 된다는 것입니다.

다음으로 접근의 편리성, 주거입지의 적합성이 있습니다. 이 내용은 일반적인 생활이 가능한 곳에 집을 지어야지, 건강에 부적합하거나 접근이 너무나 어려운 지역에 집을 지어 제공해서는 안 된다는 것입니다. 공해가 심한 염색 공장 근처에 집을 짓거나, 악취가 풍기는 지역에 집을 지어 제공하면 안 된다는 것입니다.

이러한 요건들을 모두 갖춘 집을 주거 불안정 계층에게 제공하라는 것이 유엔에서 제시하는 주거권의 골자입니다. 유엔에서 정의하는 주거권을 살펴보면 여러 가지 차원이 있습니다. 자유권 차원에서 보면 강제 퇴거를 당하지 않아야 하고, 사생활을 보장받아야 하며, 거주지를 자유롭게 선택하고 이동할 수 있어야 한다는 것입니다. 수혜권의 차원에서 보면 임대차

관계 등 점유가 안정적이어야 하고, 적절한 주거에 대한 차별적 접근을 해서는 안 되며, 주택 정책 등 주거 관련 의사결정에 참여할 수 있어야 합니다. 마지막으로 주거 환경의 적절성이라는 측면에서 보면 거주지로서 적합한 주택의 최소한의 수준들에 대한 내용이 구성되어 있습니다.

그런데 문제는 이런 규정들을 모두 지키는 나라가 어디에 있겠냐는 겁니다. 유엔 인권선언에 대해서 냉소적인 사람도 많이 있습니다. 우리나라 헌법재판소도 유엔 인권선언은 국제적으로 선언적 의미는 가지고 있으나, 국제법적 효력을 갖는 것은 아니라고 판시하고 있습니다. 그러나 이러한 규약들은 다른 의미를 가지고 있습니다. 국제사회에서 활동을 하게 될 경우, 그 나라가 인권선언을 잘 지키고 있는 나라인가, 규약들을 비준한 국가인가 등이 중요해지면서, 유엔 인권조약이 일종의 압력 장치로 기능할 수 있습니다. 예를 들어 우리나라는 아직도 노동 3권을 비준하지 못했습니다. 그래서 국제기구 ILO가 매년 권고를 보냅니다. 국제사회에서 활동을 하려면 이를 무한정 무시할 수도 없는 것입니다. 이런 식으로 압력을 행사할 수 있습니다. 때문에 이 조약들은 사회운동이나 시민운동을 할 때, 대(對) 정부 투쟁에서 굉장히 유용한 무기로 활용할 수도 있습니다. 또한 경우에 따라서는 정책 입안의 근거도 될 수 있습니다. 강제력이 큰 것은 아니지만 상당히 유용한 참조 기준이 될 수 있는 것이 인권 기반 접근입니다. 더욱이 최근에 들어서는 유엔에서 이뤄지는 모든 활동에 대해 인권적 검토를 하라는 인권 기반 접근이 크게 부각되고 있기 때문에 주거권도 상당히 유용한 사회적 실천 수단이 될 수 있습니다.

조흥식
서울대 사회복지학과 교수. 대학정책학회 회장 재임. 한국사회복지학회, 한국사회정책학회 회장
역임. 저서 및 공저서로 〈인간생활과 사회복지〉, 〈비교빈곤정책론〉, 〈우리 복지국가의 역사적 변
화와 전망〉, 〈대한민국, 복지국가의 길을 묻다〉, 〈한국 사회복지실천의 고유성〉, 〈평화와 복지, 경
계를 넘어〉, 〈어떤 복지국가인가〉 등이 있다.

유종일
KDI국제정책대학원 교수. 지식협동조합 좋은나라 이사장. 저서로 〈위기의 경제〉, 〈유종일의 진보
경제학〉, 〈경제민주화가 희망이다〉, 편저서로 〈Capital, the State and Labour〉, 〈Democracy,
Market Economics and Development〉, 〈박정희의 맨얼굴〉, 〈피케티, 어떻게 읽을 것인가?〉,
공저서로 〈세계경제의 미래와 한국경제〉, 〈MB의 비용〉, 〈한국경제 새판짜기〉, 〈Governing
Globalization: Issues and Institutions〉, 〈External Liberalization, Economic Performance,
and Social Policy〉, 〈East Asian Development – New Perspectives〉 등이 있다.

이철수
서울대 법학전문대학원 교수. 한국노동법학회 회장, 한국고용노사관계학회 회장 역임. 현재 서울
대 노동법연구회 회장, 서울대 고용복지법센터 소장으로 재임 중. (공)저서로는 〈전환기의 노동과
제〉, 〈고용노동정책의 역사적 변화와 전망〉 등이 있다.

김수행
서울대 명예교수. 한국의 대표적인 마르크스 경제학자. 서울대 경제학부 퇴임 후 성공회대 석좌
교수로 연구와 강의에 매진하던 중, 2015년 7월 향년 73세를 일기로 별세하였다. 주요 저서로 최
초의 한국어 전권 완역본인 〈자본론〉을 비롯하여 〈정치경제학원론〉, 〈〈자본론〉의 현대적 해석〉,
〈자본주의 경제의 위기와 공황〉, 〈마르크스가 예측한 미래사회: 자유로운 개인들의 연합〉, 〈세계
대공황: 자본주의의 종말과 새로운 사회의 사이〉, 〈자본론 공부〉 등이 있다.

김용창
서울대학교 사회과학대학 지리학과 교수. 서울대학교 지리학과를 졸업하고 서울대학교에서 지리학
박사학위를 받았다. 토지 · 주택정책, 도시 · 지역정책, 공간생산의 금융구조, 도시재생과 재산권 차
별화 등의 주제에 관심을 갖고 있다. 최근에 쓴 책으로는 〈남대문시장〉(2012), 〈토지정책론〉(2015),
〈인현동〉(2016) 등이 있고, 논문으로는 "미국 도시개발사업에서 사적이익을 위한 공용수용: 연방
및 주 대법원 판례를 중심으로"(2012), "신자유주의 도시 인클로저와 실존의 위기, 거주자원의 공유
화"(2017) 등이 있다.

서울대 민주화교수협의회, 서울대학교 법학연구소 공익인권법센터

한국 현대사와 사회경제

초판 1쇄 인쇄 2018년 5월 31일
초판 1쇄 발행 2018년 6월 7일

저   자 조흥식, 유종일, 이철수, 김수행, 김용창

발 행 인 한정희
발 행 처 경인문화사
총 괄 이 사 김환기
등 록 번 호 제10-18호(1973년 11월 8일)
편 집 부 김지선 한명진 박수진 유지혜 장동주
관리·영업부 김선규 하재일 유인순
출 판 번 호 406-1973-000003호
주   소 파주시 회동길 445-1 경인빌딩 B동 4층
대 표 전 화 031-955-9300   팩 스 031-955-9310
홈 페 이 지 http://www.kyunginp.co.kr
이 메 일 kyungin@kyunginp.co.kr

ISBN 978-89-499-4750-1 03300
값 9,800원